GÉRARD DE VILLIERS

AVENTURE EN SIERRA LEONE

DE VILLIERS

DU MÊME AUTEUR
AUX PRESSES DE LA CITÉ

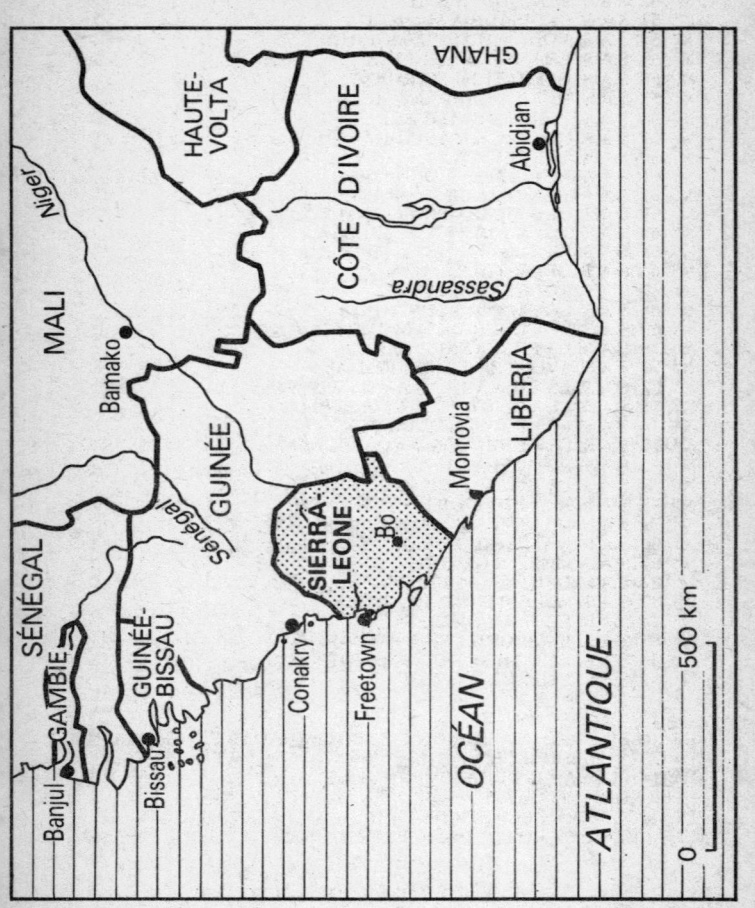

AVENTURE
EN SIERRA LEONE

Photo de la couverture : Michel MOREAU
Arme prêtée par l'armurerie GERAND

© Éditions Gérard de Villiers, 1988.

ISBN : 2 - 7386 - 0000 - X

ISSN : 0295 - 7604

CHAPITRE PREMIER

Charlie's Back. (1) Demande protection immédiate.

L'inscription était tapée sur une feuille jaune épinglée à la chaise de Stanley Parker. Ce dernier posa son attaché-case, la gorge brutalement nouée par l'angoisse. Il balaya du regard la grande pièce qui prenait tout le premier étage de la spacieuse villa servant de PC clandestin à la station de la CIA d'Abidjan. La salle était vide à l'exception d'un analyste barbu appliqué à gorger un ordinateur de données. Personne de la Division « Opérations », celle à laquelle appartenait Stanley.

— John, lança Parker en brandissant la feuille jaune, c'est toi qui as parlé à mon gars, Charlie?

— *Nope*, répliqua le barbu, j'étais pas là. C'est Van Heusen.

— Où est-il?

— A Scope. Shopping. Il m'a demandé de te dire qu'il revenait dans un quart d'heure.

— *Shit! Shit! Shit!* fit Parker entre ses dents.

Hyper-angoissé. Charlie était le meilleur agent de son réseau de renseignements, lancé actuellement sur une piste, loin d'Abidjan. Il n'aurait pas

(1) Charlie est de retour.

dû réapparaître avant une dizaine de jours. Que signifiaient ce retour prématuré et cet appel au secours?

Charlie habitait Marcory, une des banlieues les plus pourries d'Abidjan et n'avait pas le téléphone. Il fallait trouver Van Heusen coûte que coûte. Stanley Parker redégringola l'escalier extérieur de la villa et bondit au volant de sa 505. Scope était le grand supermarché de Cocody les Deux Plateaux, le quartier résidentiel où se nichait leur confortable villa blanche protégée par de hauts murs hérissés de tessons de bouteilles. A cinq cents mètres, dans la rue parallèle à la leur.

Il était si absorbé par ses craintes qu'il manqua écraser un couple émergeant du tennis situé en face de leur villa. Trois minutes plus tard, il se garait dans le parking de Scope. Il repéra aussitôt la Toyota blanche de Van Heusen, et dénicha celui-ci au rayon des aliments pour animaux, en train d'hésiter longuement entre deux boîtes destinées à nourrir son *pit-bull*, quarante kilos de férocité brute, qui n'avait rien réussi à se mettre sous la dent, depuis son arrivée à Abidjan, sinon d'inoffensifs margouillats (1).

— Ah, te voilà! fit Bob Van Heusen, un grand échalas plein de taches de rousseur, spécialiste de politique économique.

— Qu'est-ce que t'a dit Charlie?

— Il est rentré ce matin. Il a des mecs au cul. Qui ne lui veulent pas de bien.

Tout en parlant, Bob Van Heusen commença à remplir son chariot de Fido. Stanley Parker le lui aurait volontiers fait bouffer. Il trépignait intérieurement.

— Il rappelle? jeta-t-il presque hargneusement.

— T'affole pas, fit Van Heusen d'un ton conci-

(1) Gros lézards.

liant, c'est probablement une arnaque pour te tirer un peu de blé. Ces Blacks sont tous pareils.

Bob Van Heusen, habitué à travailler avec des ordinateurs, n'avait que peu d'estime pour les humains en général et les Africains en particulier.

— Il me rappelle, oui ou merde? répéta Stanley Parker d'un ton exaspéré.

— Non. Il te donne rendez-vous, ce soir à neuf heures, au *Babiya*, un restaurant de...

— Ça va, je connais. Il a dit si je pouvais le joindre d'ici là?

— On peut pas, d'après lui.

Toujours aussi flegmatique Van Heusen transférait les boîtes des étagères à son caddy. Parker l'aurait tué.

— Tu lui as demandé un rendez-vous de secours, au moins? aboya-t-il.

L'analyste resta le bras en l'air, puis tourna vers Parker ses yeux pleins de candeur :

— *Shit!* Non. J'ai oublié.

Totalement sincère. Dans un autre monde. Stanley Parker se sentait au bord de l'explosion.

— Putain de bordel de merde, marmonna-t-il.

— Je suis vraiment désolé, Stan, protesta Van Heusen. La prochaine fois, je te jure, j'y penserai.

Il s'éloigna aussitôt vers la caisse, penaud, avec de quoi nourrir son chien pour six mois.

Stanley Parker fila vers la sortie. Après la fraîcheur du supermarché, la chaleur le frappa comme une gifle humide et brûlante. Il s'assit dans la 505, mit la clim' et réfléchit. Charlie était en danger, pas question d'attendre le soir. Il s'était fait une règle absolue de ne jamais se rendre chez lui, mais là, il y avait urgence.

**
*

C'était une sente boueuse, bordée de cahutes en argile au toit de tôle ondulée, au fond de Poto-Poto, le coin le plus pourri de Marcory. Au loin, au-delà d'un terrain vague semé de carcasses de voitures, se dressait le bloc de béton de l'hôtel *Ibis*. Stanley Parker stoppa en face d'un bungalow dont la peinture rose n'était presque plus qu'un souvenir. Une grosse mama épluchait des ignames sur la véranda. Il descendit et s'approcha avec un sourire :

— Bonjour, je cherche Charlie. Est-ce qu'il est là?

La Noire lui adressa d'abord un regard bovin, puis éclata de rire et lança d'une voix aiguë :

— Non, patron, tu arrives trop tard. Charlie, il est déjà parti. Toi aussi, il te doit de l'argent?

Stanley Parker sentit son estomac se serrer.

— Non, pourquoi?

— Parce qu'ils sont venus à trois, ce matin. Il y avait un Blanc qui n'était pas bien poli. Il cherchait Charlie. Il m'a dit qu'il lui devait de l'argent. Je lui ai dit que Charlie, je ne savais pas s'il avait couché là. J'ai été le prévenir, il dormait dans la chambre derrière. Il a filé par là-bas.

Elle montrait le terrain vague.

— Et après?

— Ils n'étaient pas contents. Ils ont couru, mais Charlie, il courait plus vite. Après, le Blanc il a voulu me secouer, mais je me suis mise à crier, alors il a eu peur. Mais Charlie, il était déjà loin...

L'Américain était déjà loin, lui aussi. Il se laissa tomber dans sa 505, inondé de sueur, le cœur cognant contre ses côtes. 35° et 100 % d'humidité, c'était dur pour un garçon élevé dans le North

Dakota. La fuite de Charlie était-elle liée à leur affaire ou à une brumeuse arnaque à l'africaine?

Seul, Charlie pourrait répondre. Stanley Parker regagna le boulevard Giscard d'Estaing, en proie à de sombres pensées. Cherchant à se remémorer les différents endroits où Charlie séjournait parfois.

**
**

Epuisé, mort de soif, Stanley Parker contournait le Plateau (1) pour regagner Cocody. Les découpures de la lagune baignant les différents quartiers d'Abidjan et la rareté des ponts transformaient chaque déplacement en expédition.

Découragé, il bifurqua vers l'hôtel *Ivoire* et fonça vers le bar.

La bière trop froide lui brûla le gosier. Il était vanné et avait fait chou blanc. On lui avait proposé de tout au cours de ses pérégrinations : des putes, des lézards empaillés, de l'ivoire volé et un bébé cobra encore un peu vivant. Mais pas de Charlie. Il avait même perdu le rétroviseur de sa 505 à Treichville. Fauché presque sous son nez, par un gamin aux yeux innocents et au tournevis diabolique... Mais, comme disent les Africains : « Voler Blanc, ce n'est pas voler. » Sa soif étanchée, il leva la tête, suivant des yeux la croupe callipyge d'une somptueuse Bambara moulée dans un pagne orange qui se balançait à quelques mètres de lui, avec une langueur toute tropicale. Ce qui ne calma pas son angoisse.

Encore quatre heures avant le rendez-vous de Treichville.

Qu'était-il arrivé à Charlie?

Celui-ci était la cheville ouvrière d'une opéra-

(1) Le centre d'Abidjan.

tion classée « top secret » dont le nom de code était RUFI. Déclenchée par le Deputy Director de la Division des Opérations, la branche clandestine de la CIA.

Des communications radio interceptées par la NSA (1) le mois précédent avait focalisé l'attention de la CIA sur la Sierra Leone, petit pays à 1 000 kilomètres au nord-ouest de la Côte d'Ivoire, coincé entre la Guinée et le Liberia. Il semblait que les Services secrets iraniens soient en train de préparer une action terroriste contre les Etats-Unis, à partir de ce pays. La station CIA de Freetown, capitale de la Sierra Leone, n'ayant pas les moyens matériels d'enquêter sur une opération de ce type, c'est Abidjan qui avait été chargé du travail.

Stanley Parker avait décidé d'exploiter une possibilité découverte quelques semaines plus tôt, utilisant à cet effet Charlie.

L'Américain posa un billet de mille francs CFA sur la table et se leva. Il aurait bien voulu être plus vieux de quelques heures.

Stanley Parker arrêta sa 505 au coin de l'avenue 7 et de la rue 7 à neuf heures pile. Cette partie de Treichville était divisée en carrés de pauvres masures où s'entassait une humanité misérable venue des quatre coins de l'Afrique profiter de la relative prospérité de la Côte d'Ivoire.

La façade du *Babiya* était sombre et le trottoir dégagé devant sa porte, ce qui intrigua l'Américain. Habituellement il y avait toujours de l'animation devant le *Babiya* tenu par un Mauritanien

(1) National Security Agency (chargée de l'espionnage électronique).

filiforme et homosexuel qui accueillait ses clients dans une grande tente plantée dans la cour intérieure, au bout d'un couloir sordide. Stanley Parker sortit de sa 505 et aperçut un écriteau cloué en-dessous de l'enseigne délavée du *Babiya* : « Fermé pour cause de vacances ».

– *God damn it!*

Le Mauritanien devait être au trou ou mort du Sida. Parker regarda autour de lui le grouillement sur les trottoirs sans éclairage. Des lampes-tempête révélaient des marchands accroupis, des dormeurs allongés à même le bitume et des silhouettes plus inquiétantes. Trois jeunes Noirs assis sur le rebord du trottoir, immobiles et muets, fixaient la 505 comme un chat regarde un canari. Des voyous prêts à fondre sur la moindre proie isolée. Il observa les environs. Où était Charlie? Pourvu qu'il ne soit pas arrivé en avance et n'ait pas filé en voyant le restaurant fermé. Stanley Parker remonta en voiture, tâtant machinalement le pistolet glissé sous sa chemise, en dépit du règlement local de la CIA. Sauf cas spécifique, les « case officers » ne devaient pas être armés... Mais il valait mieux être honteusement expulsé que rapatrié dans un cercueil en plomb... Il alluma ses phares. Les trois voyous noirs avaient disparu.

Neuf heures cinq. Charlie était peut-être déjà passé, il allait revenir. Après avoir verrouillé ses portières, il prit une cigarette et mit une cassette. Maudissant Bob Van Heusen. Sans sa légèreté, il ne serait pas en train de se ronger les sangs.

Neuf heures et demie.

Stanley Parker bouillait. Examinant les différentes hypothèses. La pire étant que ceux qui traquaient Charlie l'aient déjà retrouvé. Il avait

pu aussi arriver en avance, ignorant la fermeture
du restaurant et ne pas avoir voulu attendre seul
dans ce coin mal famé. Dans ce cas, il allait
repasser.

L'Américain repensa soudain aux trois Noirs
aperçus plus tôt. Avaient-ils un lien avec ceux qui
cherchaient Charlie? Dans l'affirmative, ce dernier
avait pu venir et s'esquiver en les apercevant.

Ou il était tout simplement en retard. Les
Africains n'avaient aucune notion du temps.
Mais, d'après Van Heusen, Charlie avait peur. Et
savait que Stanley était sa meilleure protection.
Peu de chances donc, pour qu'il ait traîné en
route... L'Américain continua à tirer nerveuse-
ment sur sa cigarette, scrutant l'obscurité en vain.
Les trois Noirs pouvaient se dissimuler dans les
innombrables coins d'ombre et guetter, eux
aussi.

A dix heures, ne tenant plus, il remit en route et
démarra en direction du boulevard Delafosse.
Roulant très doucement. Charlie connaissait sa
voiture. S'il était planqué dans l'ombre, il allait se
manifester... Il arriva au grand boulevard, sans
avoir vu personne, ni Charlie ni les trois voyous
noirs.

Les phares balayaient les murs de pisé, les
ouvertures béantes coupées de néons verts ou
jaunes et les minuscules lampes-tempête des marchands mauritaniens accroupis devant leur étal.
Leur ténacité avait éliminé toute concurrence.

Où était Charlie, bon sang?

Par acquit de conscience, il repassa devant le
Babiya. Toujours personne. Moteur en route,
phares éteints, il patienta encore un peu, puis se
dit que Charlie l'attendait peut-être dans un des
endroits où il avait l'habitude de lui donner
rendez-vous.

A la réflexion, les trois Noirs qui attendaient

devant le *Babiya* l'inquiétaient. Que faisaient-ils devant un restaurant fermé ?

Il remonta l'avenue de la Reine Pokou, bordée des deux côtés de boîtes à putes ghanéennes, togolaises, camerounaises, de « maquis (1) » et de dancings. Des nuées d'aboyeurs se pressaient sur le trottoir, essayant d'agripper les rares clients. Stanley Parker roulait très doucement, espérant que Charlie, s'il était dans le coin, repérerait sa voiture.

Devant la discothèque *2001*, une grande Bambara au cul de rêve vint gigoter devant la voiture avec un sourire gourmand et intéressé.

– Tu viens, patron, ça n'est vraiment pas cher !

Sûrement une demoiselle d'honneur de Miss Sida 87.

La rue était baignée de musique vomie de toutes les boîtes : Kassav, Touré Kunda, des rythmes si électrisants que même les putes ondulaient sur le trottoir. Brusquement, ce fut l'obscurité après un dernier marchand mauritanien. La rue des plaisirs était terminée. Des gens dormaient à même le trottoir, il faisait trop chaud dans les cases d'argile et de tôle ondulée. De loin, on aurait dit dès cadavres.

Stanley Parker leva le pied, indécis. Où aller maintenant ? Il pensa soudain à une petite boîte près du marché de Treichville où Charlie traînait parfois...

Aucune enseigne là où il croyait trouver la discothèque. Il tourna dans les rues sombres, cherchant à s'orienter, aperçut un taxi qui venait de déposer un passager et s'arrêta à côté.

– Hé, chef ! Tu connais le *Bounty ?*

Le chauffeur ne répondit même pas. L'Améri-

(1) Petits restaurants.

cain descendit de sa 505, s'approcha du taxi. Celui-ci démarra aussitôt et Parker dut faire un saut de côté pour ne pas être écrasé !

L'autre avait dû le prendre pour un Libanais voulant lui faire un mauvais parti...

Le *Bounty* n'existait plus. Il repartit vers le boulevard Delafosse, à l'entrée de Treichville, et stoppa devant le restaurant *La Créole*. Un Noir de deux mètres de haut lui ouvrit la portière.

– Je gare la voiture, patron !

La tenancière du restaurant, une créole de cent vingt kilos, écrasa Stanley dans ses bras puissants et lui glissa à l'oreille dans une haleine de patchouli :

– J'ai une nouvelle petite serveuse béninoise. Tu vas voir ces seins...

Le restaurant était bondé, des Blancs et des Noirs dégustant une cuisine créole approximative au son d'un piano électronique et d'un chanteur à la voix cassée. Les murs disparaissaient sous des tableaux naïfs. Les serveuses au décolleté vertigineux évoluaient languissamment entre les tables, avec un sourire de commande.

– Tu as vu Charlie ce soir ? demanda Stanley Parker.

– Non. Tu veux dîner ?

– Non, plus tard. Si Charlie passe, tu lui dis de m'attendre, je reviens.

Elle cligna de l'œil, canaille.

– Coquin, va...

Stanley Parker avait déjà replongé dans la moiteur fétide de cette saison des pluies qui n'en finissait pas. L'estomac de plus en plus tordu par l'angoisse. Où aller ? Il poussa jusqu'à un bar voisin où Charlie s'arrêtait parfois.

Personne ! Il dut presque abandonner une manche de chemise à une pute togolaise qui insistait pour qu'on lui passe sur le corps. Il regarda sa

montre. Dix heures. De plus en plus inquiétant.
L'enseigne de *La Canne à Sucre*, le dancing « in »
de Treichville, scintillait à côté. Il s'engagea dans
l'escalier étroit, salué par un portier chauve et
athlétique.

Charlie s'était peut-être réfugié là.

Un « groto (1) », en tenue mao marron, presque de la couleur de sa peau, boudiné comme une
réclame Michelin, les yeux noyés dans la graisse,
ondulait avec une sage lenteur en bordure de
piste, ses gros doigts incrustés dans la croupe de
sa partenaire filiforme, coiffée comme un spout-
nik.

On pouvait à peine se parler. L'orchestre
ghanéen était déchaîné. Deux chanteuses et un
trompette qui crachait ses poumons avec enthou-
siasme, dans une débauche de musique africaine.
Le meilleur orchestre d'Abidjan... Les murs en
tremblaient et les danseurs en transe ne décollaient plus de la piste. Il y avait de tout : putes,
étudiantes, petits Blancs, quelques Noirs, busi-
nessmen. Tassés sur des banquettes et des tabou-
rets. Stanley Parker explora chaque recoin, terminant par le barman qui le connaissait bien.

— Tu n'as pas vu Charlie?

Le barman secoua la tête.

— Non patron, pas ce soir. Un punch-qui-tue?

— OK.

Une silhouette en boubou surgit dans l'ombre
et se frotta hardiment contre le dos de l'Américain.

— Tu m'en offres un aussi?

---

(1) Abréviation de Gros Tonneau. Haut fonctionnaire ou homme
d'affaires en argot ivoirien.

Le barman, bien dressé, en apportait déjà deux.
La fille se hissa sur le tabouret voisin. Moulée
dans un boubou vert pomme, elle avait des seins
comme des obus et des fesses extraordinairement
cambrées, un visage rond aux lèvres énormes. Une
Bamileke à l'air faussement hautain. L'alcool
dénoua un peu l'estomac de Stanley Parker.

L'orchestre entama une béguine lente et sensuelle et la Bamileke demanda :

— Tu me fais danser ?

Elle se colla à lui, les bras noués autour de son
cou, balançant son bassin avec langueur.

Stanley Parker, l'esprit ailleurs, se creusait la
tête, essayant de deviner où pouvait être Charlie.
La fille s'appuyait à lui avec une insistance gran-
dissante.

S'il lui offrait trois punchs, il la ramenait chez
lui, et pour deux boubous, elle devenait l'amour
de sa vie. La danse terminée, elle l'entraîna d'autorité sur une banquette du fond où la quasi
obscurité était propice à l'éclosion d'amours éter-
nelles.

La Canne à Sucre était un des endroits où
Charlie savait pouvoir le trouver. Donc, cela
valait la peine d'attendre un peu, et de surveiller
la porte. Il se laissa faire. Le vacarme de l'orchestre était un peu moins fort au fond. Sournoisement, la fille au boubou vert profita de l'obscurité
pour glisser une main entre les jambes de son
voisin. L'expression toujours aussi hautaine, elle
commença à remuer les doigts avec habileté et
Stanley Parker ne put s'empêcher de réagir. Aussitôt, la Bamileke lui glissa un regard en coin.

— Je te plais ?

Sans le Sida, il se serait bien répandu dans cette
croupe superbe.

— Oui, fit-il poliment, mais je n'ai pas le
temps.

Posant deux billets de mille francs CFA sur la table, il se leva. La fille l'imita et le suivit dans l'escalier pour le rattraper à côté de sa voiture.

— Tu ne m'emmènes pas?

Il se retourna, agacé, et elle en profita pour se coller à lui, se frottant carrément contre son sexe encore raidi. Avant que Stanley Parker puisse réagir, ses doigts habiles avaient défait son zip et se refermaient autour de lui, le secouant rapidement.

Deux Noirs qui passaient leur lancèrent des regards allumés.

Fou de rage, Stanley Parker la repoussa violemment.

— Je t'ai dit que j'avais pas le temps. Fous le camp.

— C'est toi qui m'as dit de venir, patron! protesta la fille d'une voix véhémente.

Elle se tourna vers les deux Noirs et les prit à partie dans son dialecte. Ils s'approchèrent aussitôt, déjà menaçants. Stanley Parker jugea la situation en une fraction de seconde.

C'était un coup à se faire planter un couteau dans le ventre. Il sortit de sa poche un billet de mille francs CFA et le fourra dans la main de la fille.

— Allez, tire-toi.

— C'est tout ce que tu me donnes... gémit-t-elle.

Un couteau surgit dans la main d'un des hommes.

— Patron, il faut lui donner ce que tu dois... C'est une brave fille.

Calmement, l'Américain prit la main gauche du Noir et la posa sur sa chemise, à l'endroit de la crosse de son pistolet.

L'autre en sentit la forme et fit un bond en

arrière comme s'il avait été piqué par un scorpion,
puis recula, les yeux ronds.

– Métal froid ! Métal froid !

Il se fondit dans l'obscurité avec son copain. A
Treichville, on tuait facilement des deux côtés.
Chaque matin, les éboueurs trouvaient des cadavres de voleurs tués à coups de bâton par des
vigiles. Férocité des deux bords. La fille en vert,
serrant ses mille francs, fila vers *La Canne à
Sucre*. Stanley Parker jura entre ses dents.

Foutu pays, foutu métier !

Au moment où il allait monter dans la 505, une
lueur bleue clignotant dans la petite rue d'en face
attira son regard. *Chez Zorba*.

Zorba était une ordure de nationalité indéter-
minée qui importait des putes de tous les pays, de
Colombie, même. Mais il savait tout ce qui se
passait à Treich.

Parker traversa et poussa la porte du bar. On
n'y voyait goutte.

Un couple évoluait sur place, soudé comme des
chiens en chaleur et quelques épaves de toutes les
couleurs s'accrochaient au bar. Des filles attendaient sur des banquettes. Le patron s'approcha
et serra la main de Parker.

– Vous prenez un verre ?

– Ça dépend, fit l'Américain. Je cherche Charlie. Vous l'avez pas vu ?

Le visage de l'autre se modifia imperceptiblement.

– Non, pas ce soir.

Stanley Parker devina instantanément qu'il
mentait. Son cœur remonta dans sa gorge. Tout
cela sentait mauvais, très mauvais. Il battit en
retraite et ressortit. Une des filles s'arracha de sa
banquette et le rejoignit sur le trottoir.

– Chef Stan !

Il se retourna. C'était une des putes de Zorba,

Arlette la Tchadienne, une belle Toubou à la peau claire et aux yeux de biche pleins de mélancolie. On disait qu'elle était séro-positive, mais ses clients l'ignoraient. L'Américain lui sourit.

— Je suis pressé, Arlette.

— C'est pas ça, fit-elle. J'ai un message pour toi. J'ai vu Charlie, ton copain.

Stanley Parker s'arrêta net.

— Où est-il?

— Il est passé beaucoup plus tôt, fit-elle avec l'imprécision des Africains. Il avait l'air inquiet. Il te cherchait et il a dit qu'il repartait dans l'avenue de la Reine Pokou.

Ils jouaient à cache-cache...

— Pourquoi Zorba ne m'a rien dit?

— Il y a des types qui sont venus, ils le cherchaient aussi.

— Quels types? Combien ils étaient? Des Blacks?

— Trois Blacks, chef. Pas bons.

Il lui glissa un billet dans la main.

— Merci, Arlette. Si tu vois Charlie, dis-lui qu'il aille à *La Créole* et qu'il n'en bouge pas. Je vais essayer de le dénicher.

Il repartit en courant jusqu'à sa voiture, suant d'angoisse. Il devait retrouver Charlie le premier. Avant de démarrer, il sortit son Walter PPK de sous sa chemise, fit monter une balle dans le canon, mit le cran de sûreté et le coinça entre les deux sièges, invisible de l'extérieur. Son front dégoulinait de transpiration et ce n'était pas seulement dû à la chaleur moite de Treichville.

**
*

Charlie émergea du *Tropical*, une disco aux trois quarts vide et se retourna. Les trois Noirs devant qui il fuyait étaient en train d'explorer la boîte précédente. Toute la soirée, ils avaient joué à un terrifiant jeu de cache-cache. Devant Charlie, c'était l'obscurité. Le *Tropical* était le dernier dancing. Il se dit que ses poursuivants allaient peut-être faire demi-tour et fonça vers l'extrémité de l'avenue de la Reine Pokou. Il n'osait pas s'aventurer dans les rues désertes. La lumière et les gens étaient sa meilleure protection. Il maudissait sa malchance. Si le *Babiya* n'avait pas été fermé, il serait en sécurité.

Il s'arrêta soudain et s'accroupit derrière un marchand mauritanien qui semblait empaillé devant son lumigon, les yeux mi-clos, au coin de la rue 21. Ses pistaches n'attiraient personne. Il jeta un bref coup d'œil à Charlie mais ne broncha pas. Une odeur de pourriture montait du profond caniveau où pullulaient des rats énormes.

Des halètements venant de l'ombre derrière lui firent sursauter Charlie. Il distingua un couple appuyé à un mur en ruines. La fille avait remonté sa mini jusqu'aux hanches et caressait rapidement la hampe énorme de son client, debout en face d'elle. Un grand Blanc costaud, le pantalon sur les chevilles. Ils s'interrompirent pour un bref conciliabule. Puis l'homme la retourna brutalement. Après un bref tâtonnement, Charlie vit le membre disparaître d'un coup entre les fesses de la Noire. Celle-ci poussa une sorte de rugissement aussitôt étouffé. Son partenaire l'avait prise aux hanches et la pistonnait fébrilement comme s'il voulait l'enfoncer dans le mur.

Charlie, malgré sa situation, sentit son ventre le brûler devant cet érotisme primitif et violent. Près de lui, une petite fille, accroupie à côté du Mauritanien, regardait fixement le spectacle.

Le Blanc en voulait pour son argent. Il avait ralenti son rythme et violait les reins avec plus de lenteur.

Charlie tourna la tête, puis essuya ses mains moites à ses cuisses. Il n'en pouvait plus de cette traque. Heureusement qu'il avait repéré les trois types qui l'attendaient devant le *Babiya*. Il fallait absolument qu'il arrive à *La Canne à Sucre* ou à *La Créole*. Son « traitant » y passerait sûrement. Mais, pour cela, il devait s'aventurer dans le coupe-gorge des rues sombres ou trouver un taxi.

Il guetta les voitures. Pourvu qu'Arlette ait transmis son message. Sa gorge se noua. Les trois Noirs venaient d'émerger du *Tropical*. Ils hésitèrent, puis, au lieu de retourner sur leurs pas, avancèrent droit vers la zone où il se trouvait. Ils ne se pressaient pas... regardant autour d'eux soigneusement, enjambant les gens allongés sur le trottoir en les examinant au passage.

Le Mauritanien tourna légèrement la tête vers Charlie. Il avait vu les trois hommes et compris.

— Va-t-en, laissa-t-il tomber.

Il ne tenait pas à mourir pour un étranger. La terreur dans les yeux de Charlie le fit néanmoins fléchir. Il posa la main sur la tête de la fillette.

— Suis-la, elle va te conduire quelque part.

Il lui adressa quelques mots à voix basse, mais la fillette ne bougea pas. Toujours fascinée par le Blanc en train de défoncer la pute. D'interminables secondes s'écoulèrent et l'homme explosa enfin dans les fesses de sa partenaire avec un grognement sauvage.

La fillette se leva alors, se retourna vers Charlie :

— Tu viens ?

Charlie ne répondit pas. Muet de terreur. Les trois Noirs n'étaient plus qu'à quelques mètres. Il était paralysé comme un lapin devant un serpent-cracheur. Dès qu'il se relèverait, ils le verraient.

Soudain, derrière eux, il distingua une 505 blanche qui s'approchait lentement.

Stanley!

D'un bond, il quitta l'abri du Mauritanien et courut vers la voiture.

*
**

— Hé, la belle mousso (1)!

Un Blanc ivre de vin de palme qui titubait sur le trottoir, en face du *Tropical*, s'était immobilisé, le regard allumé par la croupe ronde de Charlie le travesti moulée dans une mini de satinette noire.

L'informateur de Stanley Parker courait maladroitement sur ses hauts talons vers la 505, se dandinant d'une façon involontairement provocante. La lumière crue des néons soulignait le maquillage outrancier de son visage, ses faux cils et sa bouche violette. Sa poitrine, gonflée aux hormones, ballottait sous le T-shirt orange. Charlie arriva à la hauteur du conducteur de la 505. Ses traits se figèrent. Ce n'était pas Stanley Parker mais un petit Blanc à lunettes, les manches retroussées, le visage fermé, la gueule méchante. Il jeta un regard méprisant par la glace ouverte.

— Alors, la mousso, on drague?

— Patron, dit Charlie d'une voix suppliante, laissez-moi monter avec vous.

Le Blanc haussa les épaules :

— Ça va pas non? Tire-toi, j'ai pas envie d'aller à l'hôpital...

Il ne pouvait pas accélérer, à cause des gens au milieu de la rue. Charlie se retourna vers les trois silhouettes qui marchaient sur lui. De nouveau, il supplia :

— Patron, il faut juste que je parte d'ici, il y a

(1) Fille.

des types qui veulent me faire du mal. Laissez-moi
monter.

– Arrête tes salades, ricana le Blanc.

Désespéré, Charlie essaya d'ouvrir la portière
arrière. Au moment où il mettait la main sur la
poignée, il y eut un claquement sec à l'intérieur.
Le Blanc venait de verrouiller les quatre portières.
Il profita d'une trouée pour foncer, laissant Charlie planté au milieu de la chaussée, la petite fille à
côté de lui. Les trois Noirs arrivaient, déployés.
Des jeunes en jeans et T-shirt, le crâne rasé.

Charlie fonça vers le *Tropical*. Un des trois
Noirs lança une interjection en bambara et aussitôt, le videur repoussa violemment Charlie.

La petite fille l'appela :

– Viens !

Charlie se mit à courir, perdant un de ses
escarpins. Au moment où il rejoignait la petite
fille, un des trois Noirs l'intercepta. Il le saisit par
le poignet, le projetant contre un mur où il
s'écrasa, le souffle coupé.

Le second Noir arriva droit sur lui, silencieux
comme un fauve. De la main gauche, il lui rejeta
la tête en arrière. De la droite, il l'égorgea d'un
seul coup de poignet, lui ouvrant la gorge d'une
carotide à l'autre. Deux jets de sang jaillirent à
près d'un mètre. Le cri de Charlie dura une
demi-seconde avant de se transformer en un horrible gargouillement étranglé, couvert par la musique du *Tropical*.

La petite fille, terrifiée, voulut s'enfuir et se
heurta au tueur. Celui-ci l'écarta d'un geste brutal. Comme il tenait encore son rasoir, la lame
s'enfonça profondément dans la gorge de la fillette. Elle essaya d'arrêter le sang avec ses doigts,
avant de s'effondrer, agonisante.

Tandis que Charlie glissait le long du mur,
encore secoué de spasmes, le troisième Noir, un

petit trapu au crâne ovoïde, fourragea des deux mains sous la jupe de satinette. Dans sa main droite, il avait lui aussi un rasoir. Taillant dans le nylon et la chair, il trouva le sexe et les testicules, les emprisonna dans sa main gauche et les trancha net de la droite, jetant le tout sur le moribond.

Le double meurtre n'avait pas duré trente secondes.

Celui qui avait stoppé Charlie se pencha, tentant de lui arracher son sac. Mais le travesti, en tombant, s'était enroulé la bride autour du poignet et il était maintenant coincé sous son corps... Le Noir tirait comme un fou pour le saisir lorsqu'une voiture s'arrêta en face d'eux : un homme en jaillit.

— Attention ! cria le chef.

Abandonnant le cadavre, ils détalèrent dans le noir, zigzaguant au milieu des putes et des gens allongés sur le trottoir.

*
**

Stanley Parker faillit vomir devant le T-shirt et la jupe maculés de sang, la gorge tranchée et les choses innommables jetées sur le corps de Charlie. Le travesti ne respirait plus, vidé comme un porc. Quelques badauds commençaient à s'approcher prudemment, lorgnant sur les jambes découvertes avec fascination et dégoût.

— Mais c'est pas une vraie mousso ! s'exclama un passant.

Stanley Parker se pencha et réussit à dégager le sac de Charlie. Il battit en retraite avec, sans que personne n'intervienne. Le marchand mauritanien, agenouillé au milieu de la chaussée, tenait entre ses mains la tête de la fillette morte. Résigné.

Les flics viendraient dans une heure ou le lendemain...

Stanley Parker remonta dans sa voiture et démarra. Impossible de poursuivre les assassins et de toute façon, ce n'étaient que des hommes de main. Treichville en était plein !

Trois blocs plus loin, il s'arrêta au bord de la voie rapide pour examiner le contenu du sac de Charlie. Rien d'intéressant, sauf un passeport. Il l'ouvrit. C'était un document de la Sierra Leone, en blanc, avec les cachets officiels. Il ne restait plus qu'à le remplir... Dedans, il y avait une photo : un jeune homme moustachu de type moyen-oriental, un peu joufflu... L'Américain empocha ses trouvailles puis jeta le sac par la portière. Encore choqué, il mit le cap sur Cocody. Ivre de dégoût et de rage. Charlie avait été un excellent agent. Maintenant, il devait trouver qui était l'homme de la photo. C'est pour la ramener que Charlie était mort. Il fallait qu'elle ait une sacrée importance.

Stanley Parker fumait une cigarette en regardant distraitement les joueurs de tennis de l'autre côté de l'avenue. Une chaleur lourde écrasait Abidjan. Une heure plus tôt, alerté par les hurlements terrifiés de son boy, il avait tué d'un coup de sabre un serpent-cracheur dans le fond de son jardin.

Pas une ligne dans le journal sur le mort de Treichville. La photo trouvée dans le passeport avait été transmise par téléfax à Washington et il attendait le *feed-back* de l'agence fédérale. Sans trop d'espoir... La sonnerie du télescripteur codé le fit sursauter. Il s'approcha et regarda les lignes qui s'imprimaient. « Attention Parker, attention

Parker. Identification positive. Code RUFI. Sujet libanais chiite déjà identifié dans détournement Boeing TWA. Nom : Nabil Moussaoui. Age : 21 ans. Enrôlé dans la milice du Cheikh Fadlalah. Considéré comme extrêmement dangereux, et travaillant pour les Services iraniens. Prière transmettre urgence SNIR sur projet RUFI pour DDO Eyes only (1).

Stanley Parker arracha le papier de la machine. La mort de Charlie prenait une sacrée importance. Un *Special National Intelligence Report* signifiait que le Président des Etats-Unis avait été mis au courant de l'opération RUFI. Et qu'il allait devoir la continuer.

(1) Deputy Director of Operations. A lire seulement par lui.

CHAPITRE II

Lungi Airport était plongé dans le noir. Quelques lumignons trouaient l'obscurité çà et là, autour du DC 10 qui venait de se poser en face de la vieille aérogare. Malko commença à descendre la passerelle, immédiatement assailli par une chaleur humide, moite, insupportable. Qu'est-ce que cela devait être en plein soleil... A côté de lui, deux Pakistanais échangeaient des remarques peu aimables.

– *That place is the asshole of the world* (1)! conclut l'un d'eux.

Pas une lumière non plus autour de l'aéroport. Le noir absolu, total. Comme si on était sur la lune. A peine Malko eut-il mis le pied sur le ciment qu'une lampe électrique se braqua sur lui. Une silhouette s'avança.

– Mister Linge? Bienvenue en Sierra Leone. Je suis Jim Dexter.

Ils fendirent la cohue au pied de la passerelle et se dirigèrent vers l'aérogare.

– Il y a une panne d'électricité? demanda Malko.

Jim Dexter eut un rire amer et désabusé.

– Depuis quinze jours! expliqua-t-il. Ils n'ont

_____
(1) Cet endroit est le trou du cul du monde.

plus de fuel pour faire marcher la centrale électrique. Et le groupe électrogène de l'aéroport est en panne. Des types ont piqué quelques pièces essentielles. Les pistes sont balisées à la lampe à pétrole. Venez, on va essayer de récupérer vos bagages avant qu'on les vole.

Il donna à un Noir qui l'accompagnait le talon de bagages de Malko et l'autre fila vers la soute du DC 10.

Le tarmac était brûlant sous les semelles de Malko. Ils pénétrèrent dans la minuscule aérogare éclairée par quelques lampes à pétrole, où s'agitaient des tas de gens dans un désordre incroyable. Malko put enfin dévisager le chef de station de la CIA. Il ressemblait à un Italien avec ses yeux malins et ses cheveux ondulés, très noirs. Ils furent assaillis par une meute de porteurs, de douaniers, de quémandeurs, dont Dexter se débarrassa à coups de billets extraits d'une liasse de dix centimètres d'épaisseur.

— Il faut 40 leones pour avoir un dollar, expliqua l'Américain, et il n'y a plus en circulation que des billets de 2 et de 20 leones... Pour acheter une cartouche de cigarettes, on en emmène une boîte à chaussures pleine...

L'humidité était telle que la veste d'alpaga de Malko était collée à sa chemise et sa chemise à sa peau... Il dégoulinait. L'employé de Jim Dexter surgit, la valise de Malko sur la tête. Ils se dirigèrent vers la sortie.

— On ne passe pas de douane? s'étonna Malko.

— Mon gars a donné cent leones au douanier, fit Jim Dexter. Les fonctionnaires n'ont pas été payés depuis quatre mois...

Au moment où ils allaient sortir de l'aérogare, Malko remarqua un Noir qui les observait, appuyé au comptoir de la douane.

Une bête. Près de deux mètres. Des épaules de
docker moulées par un T-shirt bleu. Un crâne
ovoïde aux cheveux très courts, des yeux en
amande presque fermés, des lèvres comme des
pneus. Un trousseau de clefs pendait à sa ceinture
et un paquet de cigarettes State Express 555
dépassait de la poche de son T-shirt. Son visage
brutal dégageait une cruauté primitive, animale. Il
tendit la main vers le passeport de Malko et
l'examina longuement.

– *Where are you staying* (1)?

– Au *Mammy Yoko*, dit Malko.

L'autre lui rendit son passeport sans mot dire.
Dehors, Malko demanda :

– Qui est-ce?

– Un flic de la Special Branch du CID (2), fit
l'Américain. Je me demande ce qu'il fichait ici. Il
ne vient jamais à l'aéroport.

Ils se retrouvèrent dans les couloirs de l'aérogare, sans la moindre lumière. Jim Dexter jurait
sans interruption.

– Ce putain de pays va s'arrêter! fit-il. Ils n'ont
plus de pétrole que pour trois semaines. Après on
ferme... Venez, on va prendre l'hélico.

Ils émergèrent plus loin sur le tarmac et Malko
aperçut trois hélicos, deux soviétiques bi-turbine
et un Puma français. Surprenant dans un pays où
il n'y avait même plus d'électricité...

– Où va-t-on?

– A Freetown, expliqua L'Américain. Nous en
sommes séparés par un bras de mer de quinze
kilomètres de large, l'estuaire de la Sierra Leone.
Le ferry qui le traverse ne fonctionne plus depuis
trois mois... La dernière fois qu'il a marché, il a
failli traverser l'Atlantique. Il dérivait vers le

(1) Où allez-vous loger?
(2) Criminal Investigation Department.

large, en panne. Ses passagers se sont affolés, certains ont sauté à la mer et se sont fait bouffer par les requins...

– Il n'y a pas d'autre moyen?

– Si. Remonter la rivière jusqu'au pont Forodugu et revenir par la rive sud. En tout, quatre heures de piste...

Malko se retourna vers le DC 10. Il avait vraiment l'impression d'abandonner la civilisation... Une véritable meute prenait les hélicoptères d'assaut. Jim Dexter gagna celui peint en vert, et fit monter Malko dans la cabine avant, derrière le pilote. A l'arrière, il y avait quinze passagers pour sept places, plus les bagages. Impassible, le pilote polonais s'affairait sur ses intruments. Malko regarda avec inquiétude le tableau de bord.

– Ça va aujourd'hui! fit Jim Dexter. On n'a que 30% de surcharge...

Flegmatique, le pilote avait lancé ses rotors. Malko fixait un voyant qui s'obstinait à demeurer au rouge. *Rotor Low. Engine 2.*

L'appareil se mit à rouler, comme un avion. Au moment où il quittait le sol, le voyant s'éteignit enfin... Pesamment, l'hélico s'éleva au-dessus du bras de mer, volant au ras des flots... Le vacarme était épouvantable. Jim Dexter hurla à l'oreille de Malko :

– J'espère qu'on vous a prévenu que ce ne serait pas facile...

***

L'hélicoptère atterrit sur un rectangle de ciment derrière l'hôtel *Mammy Yoko*, le long de Lumley Beach. Tous les hôtels de Freetown se trouvaient à l'ouest de la ville, à Aberdeen, séparés du centre par un bras de mer. Même chaleur inhumaine...

C'était bon de retrouver la climatisation. Jim
Dexter consulta sa Seiko-quartz.

— On va dîner en ville, annonça-t-il. Ici, c'est
immonde...

Malko n'eut que le temps de passer une chemise
sèche... L'Oldsmobile de l'Américain dévala le
pont séparant Aberdeen de Murray Town, le
quartier le plus à l'ouest de Freetown et Malko
eut l'impression de pénétrer dans une ville
fantôme. Tous les lampadaires étaient désespérément éteints. Seuls brillaient les lumignons de
centaines de marchands installés sur les trottoirs,
vendant un peu de tout. Les phares de l'Oldsmobile éclairaient des façades en bois disjointes,
décrépites, délavées. Peu de circulation, des
piétons presque invisibles dans le noir.

— C'est toujours comme ça? demanda Malko.

— Le pays fout le camp, expliqua l'Américain.
Plus de pétrole, donc plus d'électricité, souvent
pas d'eau, à cause des pompes. Pas de téléphone,
pas de journaux étrangers, pas d'essence... Et on
vole tout. Même les ampoules des lampadaires.
Ce qui a peu d'importance, puisqu'il n'y a plus de
courant.

Ils empruntèrent l'avenue Siaka Stevens, tout
aussi sinistre, pour tourner dans Pademba Road.
Partout de vieilles maisons créoles en bois coloré
dont la peinture s'écaillait. Jim Dexter s'arrêta en
face d'une maison de deux étages, peinte en rose.
L'enseigne annonçait : « AFRO DINING ».
L'intérieur était étonnant. Des petites pièces sombres, éclairées de lampes rouges comme un bordel.
Un générateur installé dans la cour faisait un
bruit d'enfer.

— Le meilleur restaurant de la ville, annonça
Jim Dexter. Cuisine créole, hyper épicée. Prévenez
votre estomac...

Une jeune Noire, avec de grands yeux en

amande, la poitrine arrogante sous le gara (1) et l'habituelle croupe callipyge, les guida jusqu'à un minuscule salon où grimaçaient des masques africains éclairés de l'intérieur. Très ambiance sorcellerie...

– J'ai demandé à ma meilleure source de nous rejoindre, annonça l'Américain.

– Qui est-ce?

– Rugi Dougan. Une Krio (2) fortunée qui organise des ballets folkloriques. Elle sait tout ce qui se passe en ville et n'aime pas les Libanais... C'est un cancer qui ronge le pays... Ils ont de la chance que les Sierra Leonais soient gentils, pacifiques et pas xénophobes pour un sou.

La fille apporta deux bières Star. Dexter remplit les verres puis leva le sien :

– Au succès de votre mission.

Malko leva son verre à son tour. Pas vraiment euphorique. Il avait rarement abordé une mission avec aussi peu d'éléments. La CIA ignorait pratiquement tout de ce qui se tramait en Sierra Leone contre les Etats-Unis. Pour commencer son enquête, il ne disposait que de quelques éléments disparates.

Des écoutes radio révélant qu'une action terroriste était en préparation à partir de la Sierra Leone, menée par des Iraniens.

La photo d'un terroriste chiite libanais lié à Téhéran supposé se trouver à Freetown.

L'existence d'un réseau de soutien pro-iranien qui s'étendait de Freetown à Abidjan.

La CIA semblait persuadée que les Iraniens allaient frapper, mais ignorait totalement où, quand et comment...

Malko trempa les lèvres dans sa bière. Se

(1) Sorte de boubou.
(2) Créole.

demandant si une mondaine organisatrice de tournées folkloriques pouvait être le pivot d'une mission hyper délicate : découvrir ce qui se tramait et l'empêcher. Comme pour faire écho à ses pensées, Jim Dexter jeta un coup d'œil agacé à sa montre et soupira :

— Qu'est-ce que fait Rugi ! Je lui avais dit à neuf heures.

— En attendant qu'elle arrive, demanda Malko, si vous me disiez un peu ce que vous savez sur cette affaire et comment vous pouvez m'aider ? Et d'abord pourquoi les Iraniens se sont-ils implantés ici ? Apparemment, il n'y a pas grand-chose.

— La réponse est simple, fit l'Américain. A cause des Libanais. La Sierra Leone est devenue indépendante le 27 avril 1961 et les Britanniques qui l'avaient colonisée s'en sont désintéressés. On les comprend : un pays grand comme l'Irlande, peuplé de quatre millions de morts de faim avec le plus haut taux de mortalité infantile du monde, il n'y a pas de quoi s'exciter... Il avait toujours existé une importante colonie libanaise chiite ici. Nabil Berri, le leader d'Amal (1) est né à Kissy, un quartier pauvre de Freetown. Au départ des Anglais, ils se sont peu à peu emparés de tous les leviers économiques du pays.

— Et les Sierra Leonais ? Ils se sont laissés faire ?

— Ils préfèrent la musique et le farniente. Ici, il n'y a pas eu de guerre de libération, les gens sont pacifiques. Il n'y a même pas d'opposition marxiste, la liberté de la presse est totale, mais les Libanais ont tout gangrené, en corrompant les officiels, jusqu'au général Momoh, le chef de l'Etat. Grâce à leurs complicités, ils peuvent faire

(1) Organisation chiite libanaise.

entrer et sortir de Sierra Leone qui ils veulent. Ils
contrôlent la seule richesse du pays – le diamant –
et personne ne vient fourrer le nez dans leurs
affaires. La Sierra Leone, dépourvue d'intérêt
stratégique, est trop petite pour intéresser vraiment les grandes puissances.

– Et les Iraniens? Comment sont-ils venus?

– Grâce à leurs copains chiites libanais, ils
savaient qu'ici on leur ficherait la paix. On les a
vu arriver il y a deux ans. C'est Karim Labaki, le
Libanais le plus riche du pays, qui a demandé à
Momoh de les accueillir. Ça s'est réglé avec un
chargement de pétrole iranien de deux cent quarante mille tonnes « offert » par Téhéran. En
échange de quoi, Momoh leur a laissé ouvrir une
ambassade et un centre culturel.

Malko, qui avait pris connaissance du dossier
RUFI, tiqua.

– Labaki, remarqua-t-il, c'est l'homme chez qui
se trouvait Charlie à Freetown? Qui est-ce?

Jim Dexter rit. Sans joie.

– Le vrai propriétaire de la Sierra Leone... Un
Libanais chiite richissime. Il a tout : la pêche, la
banque, l'import, Mercedes et surtout les diamants. Il n'y a pas 5 % de la production qui sort
officiellement... Le reste file en contrebande à
travers un réseau compliqué de revendeurs qui
brassent des dizaines de millions de dollars.
Labaki en a la plus grosse part... Il possède la plus
belle maison de Freetown, à Station Hill, les
collines dominant Lumley Beach, avec son héli-
pad personnel et des gardes du corps palestiniens
équipés d'un armement sophistiqué. Il est intou-
chable, parce qu'il paie tout le monde. Y compris
le Président...

– Pourquoi est-il en si bons termes avec les
Iraniens?

– C'est un Chiite et il fait du business avec eux.

– Quel est son lien avec Charlie?

La serveuse leur apporta deux bols de *clam-chowder* et se retira sur la pointe des pieds. Malko goûta sa soupe. De quoi tuer tous les microbes de Sierra Leone. Cet étrange restaurant silencieux au milieu de cette ville morte sans voitures et sans lumières donnait une impression de malaise. L'Américain enchaîna :

– Comme la plupart des Libanais d'ici, Karim Labaki aime bien s'offrir un beau petit garçon de temps en temps... expliqua-t-il. Nos homologues de Côte d'Ivoire avaient comme source ce Charlie que Karim Labaki avait déjà rencontré à Abidjan. Ils ont eu l'idée de l'envoyer ici il y a quinze jours pour « tamponner » Labaki. Ça a tellement bien marché que le Libanais l'a installé chez lui...

– Pourquoi Labaki?

– Son nom est revenu souvent dans les écoutes radio. De plus, j'ai appris à la centrale qu'il était très lié avec le patron du Centre culturel iranien, un certain Hussein Forugi. Couverture diplo, background culturel, mais membre important du Ministère de la Sécurité Intérieure iranien. Les ordures qui dirigent le terrorisme...

– Les Sierra Leonais connaissent ce détail?

L'Américain haussa les épaules.

– Ils s'en foutent.

La serveuse pieds nus revint et apporta de la langouste au pilli-pilli. De nouveau Jim Dexter consulta sa montre avec agacement.

– Mais qu'est-ce que fout Rugi?

Seul le grondement du générateur lui répondit. Malko était beaucoup plus passionné par ce que l'Américain lui racontait que par l'insaisissable Rugi. Il goûta sa langouste et demanda :

– Qu'est-il arrivé ensuite?

– Nous en sommes réduits aux hypothèses. Charlie a dû découvrir quelque chose d'important car il a filé un beau matin sur un poda-poda (1). Cela a dû alerter Karim Labaki. Charlie s'est fait égorger à Treichville, le jour même de son retour...

– Mais comment Labaki communique-t-il avec le monde extérieur?

– Radio amateur, il a sa licence en bonne et due forme et un émetteur très puissant... C'est plein de Libanais chiites à Abidjan... Vous savez la suite. Les tueurs n'ont pas eu le temps de piquer son sac et nos copains ont trouvé un passeport sierra-leonais en blanc avec une photo. Celle d'un dangereux terroriste qu'on croyait en Iran. Bien entendu, la station d'Abidjan a rendu compte au DDO. Qui a fait la synthèse de tous les éléments de RUFI. Ils ont trouvé que cela commençait à faire beaucoup. Le dossier RUFI est remonté au Président qui a estimé que la sécurité du pays était menacée. Il a signé un « finding (2) » pour intensifier une action clandestine destinée à contrer ce projet d'attentat, incluant une possible action préventive pour éliminer le danger.

Malko resta la fourchette en l'air.

– Mais pourquoi ai-je hérité du bébé? Vous êtes implantés ici.

– Nous n'avons pas les moyens de mener des opérations clandestines, se hâta de préciser l'Américain. La Station ne compte que trois personnes, plus un chiffreur à mi-temps et une secrétaire. Mon boulot consiste principalement à écouter les conversations des ambassades cubaine et soviétique et à rassurer le Président Momoh sur

(1) Taxi-brousse.
(2) Ordre présidentiel secret concernant une action de la CIA.

l'indéfectible amitié que portent les Etats-Unis à
son merveilleux pays.

Malko avait déjà appris à Vienne que RUFI
avait l'attention de la Maison Blanche.

— Il n'y a pas moyen de savoir si Nabil Moussaoui, ce terroriste chiite libanais dont nous avons
récupéré la photo, a été, est ou sera ici? interrogea-t-il.

Jim Dexter lui jeta un regard plein de com-
misération :

— Apparemment, il est ici, il y a été ou il va y
être...

— On ne peut pas contrôler, avec l'Immigration?

— J'ai déjà essayé : sans succès jusqu'ici. Vous
avez vu l'aéroport... On entre et on sort du pays
comme on veut, avec quelques poignées de leones.
En plus, les Iraniens utilisent souvent des avions
privés qui viennent de Téhéran. La voiture de
l'ambassade embarque les passagers directement
au pied de la passerelle.

— Vous avez une preuve de la présence de ce
Nabil Moussaoui à Freetown?

L'Américain secoua la tête.

— Non. Mais cela ne veut strictement rien
dire... Il peut être planqué à l'ambassade ou dans
leur énorme résidence de Hillcot Road. Nous
n'avons que peu de contacts dans le milieu chiite
libanais. C'est pour cela que Rugi peut vous
être précieuse. Elle connaît tout le monde. Et
puis, j'ai un copain à vous présenter, Wild Bill
Hodges.

— Le « Merc (1) ».

— Vous le connaissez?

— J'en ai entendu parler, dit Malko, qu'est-ce
qu'il fait ici?

(1) Mercenaire.

– R & R (1). Il s'est installé hors de la ville avec une fille superbe. Comme ce n'était pas assez, il a enlevé une Libanaise, nièce de Karim Labaki. A travers elle, il sait pas mal de choses. Il pourra vous donner un sacré coup de main et il n'a peur de rien...

« Wild Bill » Hodges était irlandais. Après une brève carrière dans l'IRA, il s'était un peu promené en Afrique comme mercenaire, du Mozambique au Tchad, en passant par les Comores et le Zaïre. Connu comme le loup blanc. Malko l'aurait plutôt cru en Afrique du sud. Décidément, la Sierra Leone était un drôle de pays.

– Comment a-t-il atterri ici?

Jim Dexter leva les yeux au ciel.

– Par la grâce du Pape! C'est un catholique fervent. Comme le patron de la police de Freetown, Sheka Songu. Bill et lui se sont rencontrés en pèlerinage à Rome... Ils ont sympathisé et en dépit de son passé, Songu lui a donné un permis de séjour. Depuis, ils vont tous les dimanches à la messe de sept heures à la cathédrale de Regent Road et ils ont le même confesseur. Bill a juré de ne pas commettre d'horreurs ici et proposé de réorganiser la défense rapprochée du Président Momoh. Petit service toujours apprécié.

– Il est prévenu de mon arrivée?

– Je n'ai pas pu. Pas de téléphone, mais il me connaît. Vous irez le voir, c'est à Lakka, à une vingtaine de kilomètres au sud.

– Et Karim Labaki? Où est-il?

– Probablement dans sa villa de Hill Station.

La chaleur humide commençait à s'attaquer au cerveau de Malko. Il mit trois morceaux de sucre dans son café très fort, pour se remonter. La

(1) Rest and Recreation. Repos.

mystérieuse Rugi était toujours invisible. Jim Dexter consulta sa montre et dit avec résignation.

— On verra Rugi demain... Elle a dû avoir un problème.

Ça, c'était l'Afrique...

— On ne peut pas lui téléphoner?

— Il ne marche pas. Et elle habite au diable, à Kissy, dans l'ouest de la ville. Je vais vous ramener à l'hôtel.

La serveuse surgit avec l'addition. Jim Dexter prit dans son attaché-case un paquet de billets de quinze centimètres d'épaisseur et le posa sur la table, sans même compter. La Noire prit le paquet et en rendit une partie.

— Garde la monnaie, dit Jim Dexter.

La monnaie faisait bien quatre centimètres d'épaisseur. La Noire l'empocha, décochant à Malko un regard provocant de bonne salope tropicale. Visiblement fascinée par ses yeux dorés.

En se levant, il la frôla involontairement et sentit sous son gara le contour d'un sein ferme qui ne se déroba pas.

— *Come back soon!* lança-t-elle d'une voix pleine de langueur sexuelle.

Dehors, il faisait noir comme dans un four. Une file de voitures s'allongeait devant une station d'essence fermée.

— Ils attendent pour avoir de l'essence demain matin à l'ouverture à six heures, expliqua l'Américain. Le carburant c'est le gros problème.

Une oasis de lumière surgit soudain : six étages de néon; la Barclay's Bank. Le veau d'or était toujours debout. Jim Dexter précisa aussitôt.

— Il n'y a plus de billets dans les banques... On n'a droit de retirer que 700 leones par jour. Le prix d'un paquet de cigarettes...

— Pourquoi n'en font-ils pas imprimer?

— Ils coûteraient plus cher que leur valeur. Et ils doivent de l'argent à l'imprimeur londonien. En plus, les Libanais trustent les billets de banque pour acheter les diamants en brousse, ils en consomment beaucoup.

Les feux follets des lampes-tempête se raréfièrent peu à peu, ils quittaient le centre pour regagner Aberdeen. Malko scrutait l'obscurité autour de lui. Que pouvait-il se tramer dans ce pays du bout du monde, dépourvu de tout, où se terrait une poignée de fanatiques Iraniens ? C'était évidemment une planque idéale au fond de l'Afrique de l'Ouest, avec cette logistique libanaise...

Après cette ville étrange, le *Mammy Yoko*, c'était la civilisation ! Trois putes fardées et habillées à l'européenne devisaient gentiment dans le hall. Elles suivirent Malko d'un long regard envieux. Les clients étaient rares pendant la saison des pluies... Il prit sa clef et allait monter quand il eut un petit choc au cœur. Derrière les putes, dans l'ombre, il avait aperçu le grand Noir de l'aéroport.

Il fumait, les yeux mi-clos, et fixait Malko. Sans se cacher ! Dès qu'il le vit se diriger vers l'ascenseur, il éteignit sa cigarette et s'éloigna vers la sortie. Donc c'était bien lui qu'il surveillait.

Pour le compte de qui ?

CHAPITRE III

Installée dans la guérite de la sentinelle à l'entrée de la résidence du Président Joseph Momoh, une femme noire allaitait son bébé avec un sein qui ressemblait à l'oreille d'un cocker géant. Un soldat arrêta la 505 louée par Malko le matin même pour laisser sortir une Mercedes blanche pleine d'enfants.

Equipés d'armes hétéroclites, des gardes bavardaient, assis dans le fossé.

Malko reprit la montée de Spur Road, une avenue bordée de villas reliant Lumley Beach au quartier résidentiel dominant Freetown; jetant automatiquement un coup d'œil dans son rétroviseur.

L'apparition du policier noir, la veille à l'hôtel, lui avait laissé une impression de malaise, lui rappelant qu'il n'était pas armé. Son pistolet extra-plat était resté à Liezen, en raison des stricts contrôles dans les aéroports. Il faudrait que Jim Dexter l'équipe.

Les villas bordant Spur Road ne respiraient pas un luxe inouï, presque toutes surmontées de tôle ondulée, émergeant de jardins en friche, avec les gros bubons des climatiseurs sur des façades délavées. Mais à côté du centre, c'était Byzance.

De jour, Freetown semblait encore plus misérable avec ses vieilles maisons créoles en planches disjointes, les vérandas envahies par les herbes, les toits en tôle. Cela rappelait Port-au-Prince, la grande misère tropicale. En Sierra Leone, l'espérance de vie moyenne était de trente-quatre ans.

Les villas des Libanais firent place à d'étranges maisons anciennes en bois, juchées sur de hauts pilotis de ciment, vestiges de la colonisation britannique, mêlées aux villas modernes, toutes hérissées de gigantesques antennes radio.

Peu de voitures, mais des files de piétons; des nuées de gosses portant d'énormes fagots de bois en équilibre sur la tête.

L'Afrique du siècle dernier...

La ville disparut, cachée par une colline boisée. La route serpentait entre deux murailles de jungle. Un kilomètre plus loin, Malko aperçut sur sa gauche ce qu'il cherchait : l'ancien village construit pour le dernier sommet de l'OUA, en contrebas de la route. Des villas modernes louées depuis à des étrangers. Il tourna à gauche et tomba très vite sur un petit supermarché tout neuf. Trois lettres rouges s'étalaient sur la façade. AVI. Il se gara sur le parking et pénétra à l'intérieur. Pour un contact dont il n'avait pas parlé à Jim Dexter. Il lui avait été communiqué à Vienne, sur ordre du DDO avec instructions de le garder secret, même pour le chef de Station de Freetown.

Cela ressemblait à tous les supermarchés du monde. Quelques clients. Des caissiers noirs somnolaient devant leurs machines. Il stoppa près d'une rangée de saucissons suspendus à une étagère et regarda autour de lui. Un homme blond, très grand et légèrement voûté, vêtu d'une combinaison de toile, surgit de derrière un rayon, arborant un sourire très commercial.

— Bonjour. Vous voulez de la charcuterie?

Il avait des yeux bleus étonnants, le front bas et un visage incroyablement mobile...

— Vous êtes Wael Afner? demanda Malko.

Une lueur de surprise passa dans les yeux bleus, vite éteinte.

— Oui. Vous voulez me voir?

— J'ai un message de Popeye.

Wael Afner ne broncha pas. Un couple s'approcha, et la femme se mit à tâter un saucisson.

— Venez dans mon bureau, je vais voir si j'ai ça dans mon prochain container, lança Afner.

Malko le suivit dans un minuscule bureau au fond où une femme brune faisait des comptes. D'un regard, le blond la chassa. Il referma la porte et serra longuement la main de Malko.

— *Ata medaber ivrit?* (1)

— Non.

Afner sourit.

— Tant pis. Ici, je n'ai pas beaucoup l'occasion de le parler. Comment va Popeye? On m'a prévenu de votre visite.

Popeye était le nom de code de l'officier de liaison du Mossad avec la CIA à Washington.

— Je ne l'ai pas vu, dit Malko.

Il le regarda allumer une cigarette. Wael Afner était un officier du Mossad. L'antenne avancée des Services israéliens en Sierra Leone. Jim Dexter connaissait sa présence, mais n'était pas certain de son appartenance à la Centrale de Renseignement israélienne.

— Un J & B? proposa-t-il.

— Merci, dit Malko. Plutôt un Pepsi. Vous n'avez pas de problèmes ici?

L'Israélien secoua la tête en souriant.

— Aucun, j'ai une associée de poids : la femme du Président Momoh. Grâce à elle, mes containers

_____

(1) Vous parlez hébreu?

passent la douane sans problème. On leur a juré qu'on n'était pas des mercenaires et qu'on ne leur voulait pas de mal. Juste voir un peu ce qui se passait...

— Et vous avez vu?

Les yeux bleus de l'Israélien s'assombrirent.

— Oui. Ces enfoirés de Chiites libanais n'arrêtent pas de causer dans les radios. C'est codé, bien entendu, mais j'envoie les bandes à la « maison »...

— Et les Iraniens?

— Ils font tout par courrier. Aucune liaison radio.

Il but un peu de son J & B. Malko attendait qu'il entre dans le vif du sujet. Israël avait toujours gardé un pied en Sierra Leone, grâce à l'amitié qui avait lié la présidente et Moshe Dayan.

— Que savez-vous au juste de cette affaire de terrorisme menée à partir d'ici? demanda Malko. Langley m'a dit que c'est vous qui aviez tiré la sonnette d'alarme.

— Exact, fit l'Israélien. Mais je n'ai pas encore grand-chose à me mettre sous la dent. Ces salauds sont prudents. Cela fait un moment que nous surveillons ici l'axe Iran-Chiites libanais. Nous avons essayé de les empêcher de venir mais Karim Labaki est trop puissant et trop riche...

« Nous avons eu aussi des « tips (1) » à Beyrouth. Deux terroristes chiites libanais liés aux Iraniens seraient arrivés ici et s'y planqueraient en attendant d'agir.

— Ils veulent attaquer les gens de l'ambassade ici?

— Non, je ne pense pas, cela brouillerait les Chiites avec Momoh. Mais Freetown est une

_____
(1) Tuyaux.

excellente base de départ. Grâce à la logistique chiite.

— Vous avez une idée de l'identité de ces deux terroristes?

— Aucune.

— Vous savez où ils sont?

— Non.

L'un des deux hommes était sûrement celui dont la photo avait été trouvée sur le cadavre de Charlie. Nabil Moussaoui.

— Vous n'avez pas continué l'enquête sur place?

Wael Afner eut un sourire désarmant.

— Je suis une station d'écoutes, pas un Service Action. Déjà ma présence à Freetown a fait grincer pas mal de dents.

— Cela ne va pas être évident de retrouver ces deux Chiites, remarqua Malko.

L'Israélien lui adressa un sourire chaleureux teinté d'ironie.

— ... Aucun secret ne se garde en Afrique. C'est une question de temps et d'argent. Et vous avez, paraît-il, un excellent chef de station. Jim Dexter. A propos, avez-vous reçu des instructions sur la conduite à tenir à leur égard, si vous les retrouvez? Parce qu'il ne faut pas compter sur les autorités locales pour lever le petit doigt.

Malko le regarda bien dans les yeux.

— J'ai des instructions, dit-il.

Wael Afner resta silencieux quelques instants avant de dire gravement :

— C'est bien. Je croyais que depuis la mort du vieux Casey, la Company était de nouveau émasculée, comme du temps de Carter.

Ils retraversèrent le magasin et avant de sortir, Afner demanda à Malko :

— Vous avez un billet d'un dollar? Ecrivez

« bonne chance » dessus... Nous venons d'ouvrir le magasin.

Malko s'exécuta et l'Israélien accrocha le papier au-dessus d'un des saucissons. Même le Mossad ne perdait pas le sens du commerce. Malko avait encore une question à poser :

— Hier, j'ai remarqué à l'aéroport un Noir immense, le crâne rasé, une vraie brute. Je l'ai revu à l'hôtel hier soir. Il paraît qu'il appartient à la Special Branch du CID. Vous le connaissez ?

Les yeux bleus de l'Israélien durcirent brusquement.

— C'est très probablement Eya Karemba, fit l'Israélien. Un des hommes de Karim Labaki, le Libanais chiite qui a fait venir les Iraniens en Sierra Leone, dit Wael Afner. Peut-être le plus dangereux.

*
**

Malko fixa Wael Afner, médusé. Comment Jim Dexter pouvait-il ignorer les liens du policier noir avec Karim Labaki ?

— Je croyais que c'était un policier.

— C'en est un, confirma l'Israélien, mais il travaille surtout pour Labaki qui se sert de sa qualité. Souvent, il l'accompagne quand il va chercher des diamants en brousse et lui sert de garde du corps. C'est un musulman chiite extrêmement fanatique. Il va tous les jours au Centre culturel iranien. Attention à lui...

Décidément le Mossad avait du bon. Malko se demandait dans quel guêpier il était tombé. Wael Afner lui serra la main.

— Revenez me voir dans deux jours. Mais soyez prudent le soir. Karemba est un tueur. La femme du Président dit qu'il travaille aussi avec des sorciers. Il kidnappe des enfants et les leur vend pour des sacrifices... Ses chefs le savent mais ils ont peur de Labaki.

En redescendant Spur Road, Malko se demanda si la veille, Karemba n'était pas à l'aéroport spécialement pour le repérer. Ce qui n'était pas bon signe. Sa visite à l'Israélien lui avait appris trois choses : il y avait deux terroristes, Elya Karemba travaillait avec Labaki et l'agent du Mossad ne se jetterait pas à l'eau pour lui...

Les rues étaient animées, une énorme file s'allongeait devant la station Texaco en face de la route menant à Murray Town et le ciel menaçait. Il s'arrêta au *Mammy Yoko* pour avaler un sandwich et un café très sucré puis reprit la 505 et fila le long de Lumley Beach, en direction du village de Lakka. Là où vivait Wild Bill Hodges.

Accroché à son volant, Malko essayait de ne pas être éjecté de la 505 par les cahots. Effroyable était un mot faible pour qualifier la piste qui semblait n'être composée que d'énormes trous mis bout à bout... Il zigzaguait, évitant les plus grosses ornières, frôlant les véhicules venant en sens inverse qui se livraient à la même gymnastique. Une seule certitude : personne ne le suivait.

Les treize kilomètres lui en parurent cent et enfin il trouva un chemin descendant à droite vers la mer, après le village. Selon les explications de Jim Dexter, c'était là. Nouveaux cahots. Le chemin se terminait en cul-de-sac, en face d'une plage superbe. A droite, une grande villa blanche noyée de végétation tropicale. Une Range-Rover rouge était garée devant. Malko descendit, découvrant une grande piscine, du marbre, des baies vitrées... Wild Bill Hodges vivait bien.

Il cogna à la porte sans résultat. Malko poussa

la grille et longea la piscine. Une porte-fenêtre entrebâillée ouvrait sur un grand living au sol de marbre, avec des meubles modernes et un énorme lion en bois le long d'un bar.

On se serait cru en Floride. La pièce était vide. Pourtant de la musique africaine baignait la pièce, diffusée par une chaîne hi-fi *Akai* posée à même le sol.

Il entra et s'immobilisa à côté du lion en ébène, intrigué de ne voir personne. Il allait faire demi-tour quand une silhouette jaillit soudain de derrière le bar, comme poussée par un ressort. Il eut le temps d'apercevoir un visage marbré de taches rouges, deux petits yeux gris enfoncés, pleins de méchanceté et, surtout, le canon qui lui parut énorme d'un shot-gun Beretta tout noir.

Braqué sur lui.

Celui qui le tenait hurla :

– *Fucking Lebanese! I kill you!* (1)

(1) Putain de Libanais ! Je vais te tuer !

CHAPITRE IV

Malko, instinctivement, plongea à terre en une fraction de seconde. Une détonation assourdissante secoua la pièce et un trou gros comme le poing apparut dans la porte du jardin juste derrière sa tête. Roulant sur lui-même, il bondit hors de la pièce. Pas encore revenu de sa surprise... Son agresseur avait contourné le bar et fonçait derrière lui. Impossible de regagner sa voiture. L'autre aurait le temps de le réduire en charpie. Malko détala le long de la piscine, poursuivi par les glapissements de l'homme au fusil.

Arrivé au fond du jardin, il sauta par-dessus une rambarde de pierre le séparant de la plage. Au moment où il retombait, une nouvelle détonation claqua et des éclats de pierre jaillirent au-dessus de sa tête. Accroupi sur le sable, il regarda autour de lui. La plage s'allongeait à perte de vue, déserte. L'autre allait le tirer comme un lapin... Malko prit sa décision en une fraction de seconde, se recroquevillant derrière un arbre rabougri, tendu, prêt à bondir. Il n'eut pas longtemps à attendre. Avec des grognements, son poursuivant se hissa sur la margelle de pierre blanche et toucha lourdement le sol, serrant son shot-gun de la main droite.

Il aperçut Malko au moment où ce dernier lui

expédiait une poignée de sable en plein dans les yeux... Il tituba, s'essuyant de son bras gauche... Le pied de Malko partit comme un missile, visant la main qui tenait le fusil... L'impact arracha l'arme, déclenchant un nouveau coup, qui creusa un entonnoir dans la plage... Malko plongea et ramassa le shot-gun Beretta. Il appuya l'extrémité du canon sur la gorge de son agresseur qui s'apprêtait à se jeter sur lui.

— On se calme! dit-il. Si je me souviens bien, il y a encore cinq cartouches là-dedans...

L'homme au Beretta essuyait ses yeux pleins de sable en rugissant des injures. Malko l'examina. Etrange personnage. Tout son avant-bras gauche était tatoué d'un Christ en croix bleu. Le droit offrait une statue de la Vierge Marie... Son jean retenu par une ceinture de cow-boy disparaissait dans des bottes texanes... Le visage marbré de plaques rouges, les cheveux gris très courts et les yeux enfoncés lui donnaient un air nettement inquiétant.

— Bill Hodges? demanda-t-il.

— Vous savez foutrement bien qui je suis! grommela l'Irlandais. Qu'est-ce que vous attendez pour me foutre les tripes en l'air?

Il avait la voix d'un homme qui s'est gargarisé avec de la fonte en fusion. Plus un accent bizarre, entre le Texas et New York... Fixant Malko avec une haine pas possible.

— Calmez-vous, dit Malko, je ne suis pas libanais et je ne vous veux aucun mal...

Wild Bill lui jeta un regard méfiant et stupéfait.

— *Who the hell are you?*

Malko baissa le shot-gun et lui tendit la main.

— Malko Linge. Je viens de la part de Jim Dexter...

Les traits de l'Irlandais se détendirent.

— Jim! Mais alors vous êtes un des « boys (1) »...

— Si vous voulez...

Wild Bill eut une mimique affligée :

— Merde! J'ai failli vous tuer. Je suis vraiment désolé. Mais je ne pouvais pas savoir...

— Vous accueillez toujours les gens comme ça? demanda Malko, en s'époussetant.

Wild Bill enleva encore quelques grains de sable de son œil gauche avant de répondre.

— Non, mais j'ai piqué une Libanaise à un gars. Depuis, ils font tout pour la récupérer. Ils ont envoyé des flics que j'ai virés, puis ils sont venus eux-mêmes. Ils m'ont menacé... Moi, William Hodges, comme si j'avais peur d'un enculé de Libanais! Et j'ai appris qu'ils voulaient l'enlever. Alors, dimanche à la messe, j'ai prévenu mon copain Songu qui dirige la police : « Si ces enculés viennent, je vais m'en payer deux ou trois. » Il a répondu : « Dieu reconnaîtra les siens... » Faut dire qu'il n'aime pas les Libanais. Alors j'ai cru que c'était eux... J'avais laissé ouvert pour qu'ils ne se méfient pas.

« Venez, on va se réconcilier.

— Je ne suis pas fâché, remarqua Malko.

L'Irlandais lui envoya une claque dans le dos à lui faire cracher ses poumons.

— Tiens, vous mériteriez d'être irlandais...

Ils regagnèrent le jardin. Deux domestiques noirs apparurent, craintifs, et l'Irlandais se mit à les houspiller en créole. L'un d'eux disparut et revint s'installer derrière le bar, avec une veste blanche. Malko tendit le shot-gun à l'Irlandais qui le jeta sur un canapé et lança :

— S'ils arrivent, nous serons deux pour les

_____
(1) Agents de la CIA.

recevoir. Je vomis les Libanais... Ils viennent tout de suite après le crapaud. Figurez-vous que j'avais dit à mes boys que si on égorgeait un Libanais et qu'on répandait son sang dans la terre, cela faisait pousser les diamants... Ces cons m'ont cru, mais ils ont pas osé essayer... Ils sont trop gentils.

Il ouvrit une bouteille de Moët, remplit deux coupes et choqua la sienne contre celle de Malko.

Tout l'arrière du bar était tapissé de billets de cinq livres émis par l'état éphémère du Biafra.

Surprenant le regard de Malko, Wild Bill soupira :

— Ils m'avaient payé avec ça... Bienvenue à Lakka. Je vais vous présenter ma beauté.

Il se retourna aussitôt et hurla :

— Yassira !

Quelques instants plus tard, une jeune femme apparut, drapée dans une longue robe d'hôtesse blanche aux incrustations d'or, l'air apeuré. Malko s'attendait à voir une brune : Yassira était blonde comme les blés avec d'immenses yeux bleus; le corps était plus oriental, avec ses seins épanouis, ses hanches en amphore et une chute de reins somptueuse. La bouche, grande et bien dessinée, s'ouvrit sur des dents régulières.

— Bonjour monsieur ! fit-elle d'une voix timide.

Bill Hodges adressa un clin d'œil à Malko.

— Vous comprenez pourquoi je ne veux pas la rendre à son porc de mari... Ce n'était pas tes copains, ajouta-t-il.

— Je comprends.

Ils burent le Moët en silence. Yassira s'était servi un Cointreau. L'Irlandais reposa son verre et lança :

— Bon, vous allez m'expliquer pourquoi vous

êtes venu. Yassira, je te retrouve dans ta chambre.

Docilement, la Libanaise s'éclipsa, emportant son verre de Cointreau.

Malko ne voulait pas finasser. Wild Bill Hodges avait été dans trop de coups pourris pour qu'on le mène en bateau.

— Je travaille bien pour la CIA, dit-il. Nous avons des raisons de penser que les Iraniens préparent une action terroriste à partir d'ici. Avec la complicité d'un Libanais chiite, Karim Labaki.

— Labaki !

Il manqua s'étrangler.

— C'est l'oncle de Yassira. Un enculé. Qu'est-ce qu'il fout là-dedans ?

— Je l'ignore encore.

L'Irlandais fit le tour du bar et se planta devant Malko, martelant :

— Même si je ne gagne pas un leone, je suis avec vous. Du moment qu'il faut faire chier ces fumiers de Libanais. Mais attention, Labaki est un *Big Shot* ici, il faut faire gaffe.

— Je sais, dit Malko.

Il raconta à l'Irlandais toute l'histoire, mais sans lui parler des Israéliens. Bill Hodges remplissait inlassablement sa coupe de Moët et la vidait. Peu à peu, son regard devenait vitreux. Il bâilla à se décrocher la mâchoire.

— Je suis sûr que je peux vous aider, conclut-il, mais c'est l'heure de la sieste. On va continuer cette discussion tout à l'heure... Je vais vous installer.

Il se retourna vers le couloir menant aux chambres et appela :

— Seti !

Une fille aussi brune que Yassira était blonde surgit du couloir. De longs cheveux cascadaient sur ses épaules, entrelacés de fils d'or, de grands yeux noirs impénétrables illuminaient un visage rond et sensuel. Pakistanaise ou indienne. Elle posa sur Malko un regard lourd et effronté.

— Mon ami veut se reposer, dit-il. Conduis-le dans la chambre jaune.

Une lueur lubrique flottait dans ses petits yeux gris. Il s'apprêtait visiblement lui aussi à une sieste active.

Décidément, la visite au mercenaire irlandais était pleine de surprises...

Qui était cette Seti? Vraisemblablement l'ancienne maîtresse de Wild Bill. Qui méritait bien son surnom. Malko examina la jeune fille, tout en finissant sa coupe de Moët.

Elle était pieds nus, avec un pantalon bouffant en soie presque transparente, un bracelet à la cheville et un boléro de soie grège très ajusté.

— Venez, dit-elle.

Au bout du couloir, elle s'effaça pour laisser entrer Malko dans une chambre tendue de soie jaune où se dressait un lit à baldaquin.

— Voilà, dit-elle. Reposez-vous bien.

Au moment où elle se retournait, un cri traversa la cloison. Un cri de femme, rauque, bref, qui se prolongea en un halètement caractéristique. Malko sentit son sang se transformer en plomb brûlant... Il croisa le regard de Seti.

La jeune femme s'était figée, le regard trouble, ses prunelles noires démesurément agrandies. Ils demeurèrent immobiles quelques secondes, puis elle passa la langue sur ses lèvres. Il voyait sa poitrine se soulever comme pour écarter la soie du boléro. Le silence était retombé mais Seti semblait collée au sol, à quelques centimètres de Malko. Celui-ci était fasciné par les pointes tendues des seins moulés par la soie grège.

Il n'était certes pas venu pour un intermède

érotique, mais sa réaction après un danger était toujours la même : une irrépressible envie de faire l'amour. Les prunelles noires de Seti le fixaient intensément. D'une main légère, il effleura l'une après l'autre les pointes des seins dressées.

La jeune femme fut secouée d'un bref frisson, mais ne se déroba pas. Malko s'enhardit, caressant tour à tour les deux seins à travers la soie du boléro. De l'autre côté de la cloison, il y eut une série de halètements, puis encore un cri vrillé de femme qui prend son plaisir. Seti tourna la tête, la bouche entrouverte, comme si son regard pouvait percer le mur. Malko sentait son ventre le brûler. Il l'entraîna à l'intérieur de la chambre et referma la porte. Puis doucement, il posa les mains sur ses hanches, écarta l'élastique retenant le pantalon de la taille fine. Il y avait une légère marque sur la peau brune. Il le tira sur les jambes de Seti, découvrant le ventre nu.

Seti n'avait pas bronché. Quand ses doigts se posèrent entre ses cuisses, il réalisa son état. Elle en tremblait. Le contact de ses doigts l'arracha à son rêve éveillé. Elle tourna la tête vers lui et dit d'une voix atone :

– Il la baise comme ça tous les jours...

Il la poussa sur le lit à baldaquin et elle se laissa faire, abandonnant son pantalon à terre. Malko, après s'être libéré, s'engloutit d'une seule poussée dans le ventre brûlant... Seti ferma les yeux et murmura :

– *Please, slowly* (1).

Il allait et venait doucement dans le miel de son ventre. Seti avait croisé ses jambes dans son dos,

_____

(1) Doucement, s'il te plaît.

le bassin basculé pour qu'il puisse s'enfoncer en elle à la transpercer. Elle ne criait pas, ne gémissait pas, se mordant parfois les lèvres. Malko savait qu'elle n'avait pas encore joui. Sa peau cuivrée était inouïe de douceur, ses seins fermes et pleins; ils faisaient l'amour comme s'ils s'étaient connus depuis toujours, sans un mot. Son érection semblait grandir à chaque seconde, mais il retenait l'explosion. La clim' ne marchait pas et ils étaient en sueur. Soudain, il sentit que Seti allait jouir et il accéléra ses coups de reins. Son corps fut parcouru de frissons, elle étouffa de petits cris et retomba, épuisée, les yeux clos. Malko en profita pour retirer de son ventre son sexe encore dur et la faire rouler sur le côté.

Dans cette position, il plongea en elle, caressant sa poitrine pleine, ses hanches, le ventre plat, les cuisses moites et fermes.

Un cri violent, venu de l'autre pièce, le figea. Bref et sauvage. Seti se raidit. Le silence retomba. Elle dit d'une voix absente :

— Il vient d'entrer dans ses fesses. Il est très grand et il fait très mal.

Encore une plage de silence, puis une série de cris, moins violents, mais saccadés, mêlés de sanglots. Seti annonça de la même voix :

— Il continue. Il est à la moitié maintenant.

Elle commentait le viol de Yassira comme un match de foot... Malko ne bougeait plus. Soudain, il sentit les doigts de Seti se refermer autour de son sexe, l'arrachant d'elle pour le guider habilement plus haut. Elle s'était cambrée, presque agenouillée. Il n'eut qu'à donner un léger coup de reins pour imiter Wild Bill. Seti se prêta avec souplesse à cette fantaisie, bougeant doucement jusqu'à ce qu'il la prenne entièrement.

Tout à coup, des cris éclatèrent de l'autre côté

de la cloison, brefs, déchirants, rapprochés. Seti murmura, d'une voix rauque :

— Il la défonce.

Il y avait un rien d'envie dans sa voix trop calme. Malko, à son tour, se déchaîna. Seti gémissait à coups brefs, envoyant sa croupe vers lui, le soulevant presque, jusqu'à ce qu'il explose au fond de ses fesses.

De l'autre côté de la cloison, le silence était revenu. Un peu plus tard, Seti remarqua d'une voix lasse :

— Cela fait trois semaines qu'il ne m'a pas touchée! Avant, il me baisait tous les jours...

Elle descendit du lit, ramassa ses affaires et sortit de la chambre, nue. Laissant Malko perplexe. Wild Bill se doutait-il de ce qui s'était passé? L'Irlandais était décidément un personnage bizarre... Après l'invisible Rugi, le second allié offert par la CIA semblait d'une fiabilité douteuse. Durant les explications de Malko, il pensait visiblement plus à ce qu'il allait faire à Yassira qu'aux terroristes iraniens.

Enfin... Malko était obligé de prendre ce qu'il trouvait.

**
*

Après une douche, les tatouages de Wild Bill semblaient presque neufs... L'Irlandais avait remis sa tenue de cow-boy et replongé dans le reste du Moët. Yassira, les traits un peu marqués, un nouveau verre de Cointreau à la main, pour se remettre de ses émotions, regardait un film égyptien en cassette sur un magnétoscope Samsung couplé à une superbe télé Akai, importés sûrement en contrebande.

— J'ai parlé de votre problème avec Yassira, annonça l'Irlandais. Elle connaît tous les Chiites de ce putain de pays. Mais elle n'a jamais entendu parler des deux types que vous cherchez.

— Tant pis, fit Malko, déçu.

— Il n'y a qu'une chose à faire, conclut Wild Bill. Aller parler à Labaki. Il n'y a qu'une douzaine de Palestiniens. On peut les avoir par surprise. Et si vos types sont là, on se les paie...

— Et sinon?

Wild Bill eut un sourire carrément sinistre, tout en caressant le Christ en croix bleu sur son bras gauche.

— Il nous avouera bien où ils se trouvent, ce gros porc... D'après ce que vous me dites, il devrait le savoir.

— Et les conséquences?

L'Irlandais haussa les épaules.

— Je commence à en avoir assez de ce pays. Nous nous tirerons ensemble. Par la piste. Au Liberia ou en Guinée. Pas de problème...

C'était une solution extrême et peu fiable. Yassira se mêla soudain à la conversation et dit de sa voix douce :

— J'ai entendu dire que Forugi, le directeur du Centre Culturel iranien, a une maîtresse sierraleonaise.

— Vous savez son nom? demanda Malko.

— Non. Mais Freetown est une petite ville. Cela doit être facile à trouver. Officiellement, elle est standardiste à la Résidence des Iraniens dans Hillcot Road.

— C'est une Chiite?

— Je ne crois pas.

— Comment l'avez-vous su?

— Mon oncle en a parlé à plusieurs reprises. Il se moquait des Iraniens qui donnent des leçons de morale à tout le monde.

Enfin une brèche dans le système chiite. Même si c'était sujet à caution. Wild Bill semblait tout triste d'abandonner son projet d'attaque frontale, mais fit contre mauvaise fortune bon cœur. Seti entra dans la pièce et n'eut pas un regard pour lui. Traversant comme un fantôme. Malko comprenait mal l'Irlandais. Elle était beaucoup plus belle que Yassira... Enfin, sa rencontre avec le mercenaire n'avait pas été inutile.

Il ne restait plus qu'à commencer son enquête à Freetown. L'informatrice de Jim Dexter, la mystérieuse Rugi, pourrait peut-être l'aider. Si on remettait la main dessus.

CHAPITRE V

Karim Labaki tira sur son Monte Christo puis exhala lentement la fumée. Depuis qu'il avait fait fortune, il fumait des cigares de Cuba, conduisait des Mercedes 500, se faisait confectionner ses costumes à Saville Row, ses chemises en Italie, mais parlait toujours du coin de la bouche avec des mimiques vulgaires comme le petit voyou libanais qu'il avait été pendant vingt-cinq ans.

La glace de son living-room grand comme un terrain d'aviation lui renvoya l'image d'un homme petit, courtaud, aux cheveux courts et grisonnants, impeccablement habillé. L'air d'un businessman respectable. Seul, l'éclat de ses yeux noirs inquiétait. Parce qu'avant tout, Labaki était un tueur froid et méthodique. Il avait éliminé plus de deux cents personnes depuis qu'il avait pris le contrôle de la Sierra Leone. Certains avaient été abattus d'une balle dans la tête, par un de ses tueurs. D'autres avaient été sauvagement torturés, pour l'exemple, avec des fils électriques ou des nerfs de bœuf. Ou tués à coups de bâton. D'autres encore avaient été jetés vivants aux crocodiles de la Sierra Leone.

Presque tous étaient des Noirs, sauf une équipe rivale de trafiquants de diamants libanais maroni-

tes qu'il avait enfermés dans leur camion avant
d'y mettre le feu.

Il fixa d'un air absent l'homme qui attendait
respectueusement, debout à quelques mètres de
lui, puis reporta son regard sur la vue magnifique
qui s'étendait à ses pieds. Sa somptueuse résidence
était la dernière avant l'à-pic dominant les collines
couvertes de jungle qui descendaient jusqu'à Lumley Beach. La plus belle de Freetown, à l'exception du Palais de Juba Hill, construit par l'ancien
président, Siaka Stevens.

Voyant qu'il ne s'occupait plus de lui, le Noir
qui attendait demanda timidement :

– Boss, je peux partir?

Le Libanais le retint d'un geste sec de son
cigare.

– Attends.

La perspective d'éliminer un adversaire de plus
ne faisait pas monter sa tension d'un quart de
point, mais il avait toujours frappé à bon escient.
Evitant les morts trop puissants. Ceux qui pouvaient déclencher des représailles. Ceux-là, on les
achetait. C'est ainsi qu'il avait pris le contrôle de
la pêche, des importations, des voitures et surtout
du diamant. Plus, bien entendu, des deux plus
grands casinos de Freetown... Il tira une nouvelle
bouffée de son Monte Cristo, pesant le pour et le
contre.

Le pour était facile à calculer. Il avait besoin de
quelques jours de tranquillité. C'était le moyen de
les avoir. Celui qui dirigeait l'opération avait été
formel.

Le contre était plus nébuleux. Il s'attaquait à
un milieu qu'il connaissait mal, où les dollars ne
pouvaient pas tout acheter... Il ferma ses gros
yeux globuleux et, comme toujours, prit sa décision en une fraction de seconde... Lentement, il

tira de sa poche un épais rouleau de billets de cent dollars et sourit à Eya Karemba.

– Je crois que tu vas avoir une petite prime...

Il se leva et s'approcha de lui. Le haut de sa perruque arrivait à peine à l'épaule du policier dont les traits étaient infiniment plus réguliers que la tête de gargouille de Karim Labaki. Ce dernier, avec une lenteur calculée, commença à compter ses billets... un de ses trucs préférés pour draguer les petits garçons à la piscine du *Mammy Yoko*. Compter lentement des billets devant des gamins morts de faim. Après, il n'y avait plus qu'un signe discret de la tête à faire pour se retrouver dans une chambre.

Pas de problème, l'hôtel lui appartenait...

Eya Karemba essayait de toutes ses forces de ne pas regarder l'argent, se concentrant sur les chaussures en crocodile bleu, la boucle de ceinture avec un K gravé dans l'or massif, la chemise de soie et l'énorme chrono plein de diamants fait sur mesures pour le Libanais. Finalement, celui-ci tendit cinq billets de cent dollars :

– *Do it fast* (1).

Eya Karemba hocha la tête, muet de bonheur. Cela représentait un an de sa solde au CID. Labaki lui donna une tape sur sa taille épaisse, pour le chasser et il s'empressa de filer. Tranquillement, le Libanais sortit, admirant au passage sa dernière acquisition, un splendide meuble Boulle de plus de 150 ans entièrement restauré dans les ateliers Claude Dalle à Paris, et gagna à petits pas le garage où s'entassaient une vingtaine de Mercedes et quelques voitures de sport, dont une Porsche dorée avec des ailerons partout.

Deux chauffeurs attendaient au garde-à-vous.

– La 500 verte! lança-t-il.

_____
(1) Fais-le vite.

Il s'était payé quatre Mercedes 500 et en avait offert une au Président Momoh. Ce qui lui en laissait encore trois. Dans un pays où il n'y avait pratiquement pas de routes, il pouvait tenir un siècle. Il s'installa sur les coussins, vaguement contrarié, se disant que ses amis iraniens devenaient un peu gênants.

Jusqu'alors, il n'avait jamais mélangé la politique au business et ne s'en était pas trop mal sorti... D'un œil distrait, tandis qu'il cahotait sur le chemin de latérite où subsistaient encore quelques plaques de goudron, il jeta un regard dégoûté aux vieilles maisons sur pilotis qui entouraient sa somptueuse demeure. Il en avait déjà racheté quelques-unes pour les raser.

Cela gâchait la vue.

**
*

Jim Dexter brandit sous le nez de Malko un paquet de journaux jaunis qui semblaient rescapés d'un naufrage.

— Regardez! Une semaine de *New York Times* envoyés par Langley en 1980. Ils viennent d'arriver...

Cela ne faisait jamais que sept ans... L'Américain reposa le paquet dans un nuage de poussière. Malko n'était guère étonné. Il avait monté à pied les six étages de l'ambassade US. Sur l'ascenseur un écriteau annonçait tristement « no electricity ». Les queues devant les stations d'essence s'étaient encore allongées et sa voiture était transformée en vraie bombe roulante avec le coffre plein de bidons... Le *Daily Mail*, qui en dépit de son nom ne paraissait que toutes les trois semaines, annonçait que les juges ne pouvaient plus se rendre en province, faute de carburant.

Seules, les femmes policiers en bleu conti-

nuaient imperturbablement à diriger la circulation
aux carrefours avec un flegme hérité des Britanniques. Quant au téléphone, celui de sa chambre,
lorsqu'il avait voulu appeler Jim Dexter, avait
émis un triste couinement avant de retourner au
silence définitif.

Le pays foutait le camp.

Malko raconta sa visite à l'Irlandais, omettant
les épisodes les plus sulfureux et lança :

— Wild Bill m'a dit que Eya Karemba travaillait pour Labaki...

Par ordre de Langley, Jim Dexter devait ignorer
l'appartenance au Mossad de Wael Afner.

— Il en est sûr ? demanda anxieusement le chef
de Station.

— Cela expliquerait sa présence à l'aéroport,
avança Malko.

— J'espère que c'est un tuyau crevé, fit Jim
Dexter. Je suis copain avec son chef, Sheka
Songu. Je vais lui poser la question. A propos, je
vous ai trouvé des photos de Labaki.

Il lui tendit plusieurs clichés représentant un
homme de petite taille avec une tête de gargouille
et une perruque aux cheveux trop noirs. Malko les
examina avec soin, avant de les lui rendre.

— Quelle que soit la réponse de Sheka Songu,
fit-il, j'aimerais que vous me procuriez une arme.

— Pas de problème ! Vous aurez même un permis... Cela ne coûtera pas plus de cent leones.
Vous pensez, les bureaucrates gagnent quatre
cents leones (1) par mois et ne sont payés qu'irré-
gulièrement.

— Tant mieux, dit Malko. Je me sentirai plus
tranquille.

— Même Labaki n'oserait pas s'attaquer à un
étranger, dit Jim Dexter. Le Président Momoh ne

(1) Environ 120 francs.

pourrait pas le couvrir. Mais j'ai un Colt 45 automatique dont je me sers pour tuer les serpents de mon jardin. Je vais le faire nettoyer et je m'occupe du permis. Rien d'autre?

— Vous avez des informations sur Hussein Forugi?

L'Américain secoua la tête.

— Rien, j'avais chargé un de mes informateurs, un journaliste d'ici, de gratter un peu, il a fait chou blanc. Ce type tourne entre la Résidence des Iraniens, l'ambassade et le Centre culturel. Aucune vie privée connue. Tous ses contacts se font au Centre culturel. Maintenant que vous avez rencontré Wild Bill, pensez-vous qu'il soit utile?

La clim' s'arrêta d'un coup : panne de générateur. Et ils étaient en plein soleil, face au palais de Justice, dans un des rares gratte-ciel de Freetown. La chaleur allait vite devenir insupportable.

— Pas dans un premier temps, fit Malko.

— Bill est vraiment dingue, conclut l'Américain. Mais il hait les Libanais et il est gonflé. En plus, en cas de coup dur, rien ne le lie à la Company. J'ai le feu vert de Langley pour l'employer, si vous en avez besoin.

— Son amie, Yassira, m'a donné une piste à creuser.

Il lui résuma l'histoire de la maîtresse de Forugi. Jim Dexter rayonnait.

— Rugi va vous trouver qui c'est. Hier soir, elle était en panne d'essence... Comme le téléphone ne marche pas, elle n'a pas pu nous prévenir.

— Où puis-je la voir?

— Elle sera au *Mammy Yoko* cet après-midi. Je lui ai donné le numéro de votre chambre, elle vous y rejoindra vers cinq heures.

— Pourquoi dans ma chambre?

— Plus prudent. Il y a toujours des gars du CID

qui traînent dans le hall. Elle est vachement connue.

Il s'essuya le front, la température montait d'un degré par minute. Il se leva.

— Je descends avec vous.

Au rez-de-chaussée, le Marine de garde était au bord de la syncope. Il faisait presque plus chaud que dans la rue.

Une Mercedes 280 stationnait en face de l'ambassade. Le chauffeur noir en sortit et vint parler à voix basse à Jim Dexter qui secoua négativement la tête.

— C'est votre chauffeur?

— Non, dit l'Américain, celui du ministre de l'Intérieur. Mais il arrondit son salaire en faisant le taxi pendant que son patron travaille. Bon, je passerai au *Mammy Yoko* vers 18 heures. Au bar en contrebas du lobby.

Un Noir en saharienne profitait de l'ombre, appuyé à la 505 de Malko. Il s'écarta avec un sourire poli.

Malko tourna lentement autour du rond-point où se dressait le gigantesque *cotton-tree* (1) multi-centenaire qui marquait le centre de la ville, en face du palais de Justice décrépi, et descendit Siaka Stevens Street pour prendre à droite dans Howe Street. Il s'arrêta un peu plus loin à un carrefour en face d'un parc pouilleux, Sewa Park. Il avait l'intention de voir un peu ce qui se passait autour du fameux Centre Culturel iranien.

Deux vautours perchés sur les ruines d'une maison contemplaient la grande bâtisse jaune de trois étages qui évoquait plus une prison que la

(1) Fromager.

culture avec ses ouvertures grillagées et ses volets
fermés. Un panneau d'affichage exposait quelques
photos d'atrocités irakiennes qui semblaient plon-
ger les passants dans une joie sincère... Une seule
porte, étroite, où veillaient plusieurs Noirs coiffés
de la calotte musulmane... Une somptueuse Mercedes 500 verte était arrêtée en face du Centre, un
chauffeur au volant.

Au moment où Malko allait repartir, un
homme ressortit du Centre, accompagné par les
courbettes des gardiens, escorté par un barbu de
petite taille, qui débordait d'obséquiosité.

Le cœur de Malko battit plus vite. La taille,
la perruque, les traits torturés! C'était Karim
Labaki. Ce dernier remonta dans sa voiture qui
démarra en trombe, effrayant les vautours.

Trois cents mètres plus loin, la Mercedes stoppa
dans East Street. Malko, en la dépassant, eut le
temps de voir Karim Labaki entrer dans une sorte
d'épicerie. Il faisait son marché. Inutile d'attirer
l'attention. Il retraversa toute la ville, par le bas,
longeant King Jimmy Market, débordant de couleurs et d'activité. Malgré leur pauvreté, les Sierra
Leonais semblaient manger à leur faim.

Grâce à l'unique feu rouge de la ville en état de
marche, il eut tout le loisir d'admirer la petite
ambassade d'Iran, à l'entrée de Murray Town,
superbe bidonville coloré. Aucun signe de vie. Pas
d'antennes radio, pas de voitures dans la cour. Il
ne restait plus qu'à attendre la très mystérieuse
Rugi, en souhaitant qu'elle ait trouvé assez d'essence pour venir au *Mammy Yoko*.

*
**

Le coup frappé à la porte était si léger que
Malko crut avoir rêvé. Il avait pris un verre à la
piscine, observant quelques Libanais acharnés à

draguer des hôtesses de l'air avec la délicatesse de bulldozers. Il faisait si chaud qu'il était impossible de rester au soleil... Heureusement, une climatisation anémique maintenait dans la chambre une température supportable. Il écarta le battant.

Ce qu'on voyait d'abord, chez Rugi Dugan, c'étaient ses cils. Immenses, recourbés, fournis, ils donnaient à tout son visage une allure romantique et sensuelle et elle en jouait admirablement... A travers eux, elle examina Malko et demanda d'une voix timide :

— Vous êtes l'ami de Jim?

— Oui, dit Malko, entrez.

Elle se glissa comme un chat, le frôlant de sa croupe ronde à peine protégée par une robe de jersey. Comme toutes les Noires, elle était étonnamment cambrée et une petite poitrine courageuse perçait le jersey aux bons endroits. Parfumée aussi, avec des bagues, des bracelets de toutes les couleurs et un sac qui devait coûter trois siècles de salaire.

Les yeux marron remontaient en amande vers les tempes, la bouche était petite, charnue et le nez à peine épaté.

Une fille superbe... Ils s'observèrent quelques instants puis elle jeta son sac sur le lit avec un sourire, s'assit et croisa les jambes. Malko se dit que Rugi était à la hauteur des fantasmes les plus débridés. Elle semblait complètement allumée et son regard disait assez son goût des hommes. Elle fit cliqueter ses bracelets et dit :

— Jim m'a dit que je pouvais vous aider, mais je ne sais pas comment...

— Vous avez des contacts avec les Libanais?

Elle eut une moue amusée et méprisante.

— Eux voudraient bien en avoir avec moi, mais je ne les aime pas beaucoup... Ils achètent les femmes et je ne suis pas à vendre.

– Vous connaissez Karim Labaki?

Son sourire s'accentua.

– Comment ne pas le connaître! Il est partout, il possède tout. Mais il aime plus les garçons que les femmes... Comme pas mal de Libanais d'ici. Vous voulez faire des affaires avec lui?

– Non, dit Malko. Pas vraiment. Je m'intéresse aux Iraniens.

– Ah bon.

Cela ne paraissait pas la passionner. Malko lui raconta l'histoire de Forugi, et de sa maîtresse sierra-leonaise.

Rugi éclata de rire.

– Ce n'est pas possible! J'ai rencontré Hussein Forugi dans une réception diplomatique. Il avait l'air d'un mal blanc, il était dans un coin à boire de l'orangeade. Quand je me suis approchée de lui, il s'est enfui comme si j'étais le Diable.

– Ça, c'est pour la parade, fit Malko. Les Iraniens ont une vie sexuelle, comme tout le monde. Vous pourriez trouver cette femme?

– Je pense, dit-elle. Et ensuite?

– J'aimerais la rencontrer... Avec vous. Elle sait peut-être des choses intéressantes.

Une lueur amusée passa dans l'œil de Rugi.

– Il vaudrait mieux la voir seule... Je vais essayer de vous la dénicher. Je connais un type qui me renseignera. Je laisserai le message à Jim.

– Nous ne pouvons pas prendre un rendez-vous maintenant?

Elle n'hésita qu'un instant.

– Si. Après-demain soir. Je dois dîner au *Lagonda*, le restaurant du casino *Bitumani*. Nous irons boire un verre ensuite au *Moonraker*, la boîte du sous-sol. Nous serons tranquilles.

– Parfait, dit Malko.

Rugi ne bougeait pas.

– Vous pourriez me ramener en ville? demanda-t-elle.

– Toujours l'essence...

Il accepta avec plaisir. Durant le trajet, ils bavardèrent de choses et d'autres et il déposa Rugi dans Gloucester Street.

Comme il faisait demi-tour pour repartir, il aperçut une autre voiture qui effectuait la même manœuvre. Intrigué, il se gara et sortit de voiture, remontant sans se presser la rue où s'alignaient les magasins libanais tous plus minables les uns que les autres.

Peu de voitures, une foule dense qui débordait des trottoirs et les innombrables marchands ambulants.

Des milliers de minuscules commerces qui survivaient Dieu sait comment.

Il continua, harcelé par les marchands ambulants de cigarettes, de poissons, de fruits, de n'importe quoi. Il était en train de repousser un barracuda offert à un prix vraiment intéressant par une grosse Noire hilare, lorsqu'il remarqua un homme plongé dans la contemplation de la vitrine voisine. Il portait une saharienne beige déformée dans le dos par une grosse bosse.

Incontestablement la crosse d'une arme.

L'homme qui attendait près de sa voiture, en face de l'ambassade US. Son pouls s'accéléra. Non seulement, il était suivi, mais son suiveur ne se cachait même pas. Comme si cette filature était un avertissement.

CHAPITRE VI

Malko refusa définitivement le barracuda que la grosse Noire balançait sous son nez et reporta son attention sur son suiveur. C'était bien celui aperçu plus tôt, appuyé à sa voiture. Un Noir de taille moyenne, les yeux protégés par des lunettes noires. L'arme qui était accrochée à sa ceinture, dans son dos, faisait une énorme protubérance sous sa saharienne. Son assurance, plus quelque chose d'indéfinissable, indiquaient qu'il était policier.

Il échangea quelques mots avec un Libanais sur le pas de sa boutique, puis s'éloigna. Malko le vit s'installer dans une Honda Civic, celle qui avait fait demi-tour derrière lui, mais il resta à son volant, impavide. Malko regagna sa 505 et remonta vers Siaka Stevens Road. Jim Dexter devait l'attendre au *Mammy Yoko*. La Civic démarra aussitôt derrière lui.

Jim Dexter, seul, sous un ventilateur du bar du *Mammy Yoko*, avait le visage soucieux. Il était déjà six heures et demie.

— Je commençais à être inquiet!
— Vous n'aviez pas tort, dit Malko.

Son suiveur l'avait accompagné jusque dans le parking de l'hôtel. Il mit l'Américain au courant. Ce dernier semblait plus perplexe qu'angoissé.

— Il est possible que la *Special Branch* vous surveille. Je le saurai demain matin par Sheka Songu. Je vais chercher votre permis de port d'arme. Mais cela m'étonne.

— Donc, ce type travaille aussi pour Karim Labaki, conclut Malko. C'est le seul qui puisse s'intéresser à moi à Freetown.

— Vous avez sûrement raison, approuva le chef de Station. Labaki veut vous intimider. A Freetown tout se sait, donc, il n'ignore pas la raison de votre présence ici. Est-ce que Rugi a pu vous aider ?

— Je la revois après-demain soir. Il faut demander à votre ami de la police s'il n'a rien sur ces deux Chiites.

— J'essaierai, mais je n'y crois pas. Il ne voudra jamais se mêler d'une affaire entre les Iraniens et nous. Venez, je vous emmène dîner chez moi.

La Honda Civic avait disparu. Jim Dexter prit la direction des collines du quartier résidentiel. En haut de Signal Hill, il s'arrêta devant une villa cachée derrière un building moderne dominant la baie de Freetown.

— Tous les gens de l'ambassade habitent là, expliqua-t-il à Malko. Nous avons notre citerne d'essence, notre camion d'eau et notre générateur...

Un Noir leur ouvrit le portail de sa villa et referma derrière eux.

Malko avait dormi comme une bête, vaincu par la chaleur humide, après que Jim Dexter l'ait raccompagné. De nouveau, il lui avait semblé apercevoir la Honda Civic embusquée à la station

Texaco. Sans s'en préoccuper, il avait continué jusqu'à l'ambassade US. Le générateur réparé, le Marine de garde avait repris tout son tonus.

Jim Dexter, à peine Malko dans son bureau, lui tendit un lourd paquet et une enveloppe.

— Voilà votre permis et le Colt. Plus une boîte de cartouches.

— Vous avez appris quelque chose?

— Pas grand-chose, j'ai vu Songu entre deux portes, il m'a juré que le CID ne s'occupait pas de vous.

— Donc, c'est Labaki.

— J'ai un contact pour vous, dit l'Américain. Mon meilleur informateur, Eddie Connolly, un journaliste sierra-leonais que je paie en essence...Il était au Liberia et vient de rentrer. Il vous attend au News-Room du ministère de l'Information. Dans le building « chinois », en face du stade Siaka Stevens.

— J'y vais, dit Malko qui connaissait maintenant Freetown par cœur.

Il retrouva sa voiture garée dans Lamy Sanko Street transformée en fournaise. Trente mètres plus loin pointait le museau de la Honda Civic... Il descendit vers Connaught Hospital, la surveillant dans son rétroviseur. Il y avait peu de circulation mais une foule compacte de piétons... Longeant King Jimmy Market, il attendit de voir la Honda engluée au milieu des piétons pour tourner dans Waterloo Street en sens unique. Remontant d'un trait, il frôla de justesse un camion, qui, furieux, bloqua la Honda lancée à sa poursuite... Lui continua jusqu'à Pademba Road pour redescendre ensuite Campbell Street jusqu'à Brookfield Road. Puis il gara sa voiture en face de la minuscule ambassade du Liberia et continua à pied. L'immeuble de douze étages où on avait regroupé la plupart des ministères avait fière allure. A cela près que les ascenseurs, privés de courant, ne fonctionnaient pas... Un Noir, à genoux sur le parking, faisait sa prière, face à la Mecque... Malko se lança à l'attaque des huit étages...

Sur chaque palier, une pancarte annonçait : « Ne mettez pas vos doigts sales sur le mur propre. » D'après la couleur des murs, le conseil était rarement suivi... Le huitième étage était un dédale de couloirs et de bureaux, la plupart vides. Il finit par dénicher la News-Room. Une Noire vêtue à l'européenne, très maquillée, la poitrine provocante, tapait à la machine, ses escarpins à côté de son bureau. Elle les remit à l'arrivée de Malko.

— Je cherche Eddie Connolly, dit-il.

Elle montra la porte voisine.

— Il vient de rentrer.

*
**

Eddie Connolly, noir comme du charbon, portait en dépit de la chaleur, une veste et une cravate. Une énorme verrue sur la pommette gauche semblait empêcher ses lunettes à verres épais de tomber. Il adressa un sourire poli à Malko.

— *Sir ?*

— Je viens de la part de Jim Dexter, annonça Malko en s'asseyant.

— *Indeed*, fit Eddie Connolly d'un ton très oxfordien. Mr Dexter m'a parlé de vous. En quoi puis-je vous aider ?

— Je cherche deux hommes, expliqua Malko. Des Chiites libanais. Je n'ai le nom et le signalement que de l'un d'entre eux.

Il expliqua l'affaire et sortit la photo du Libanais trouvée dans le passeport qu'avait rapporté

Charlie. Eddie Connolly regarda longuement le document et demanda :

— Je peux le garder?

— Bien sûr. Vous pensez pouvoir faire quelque chose?

Le journaliste desserra un peu sa cravate et répondit, d'un ton légèrement sentencieux :

— *Indeed*, si ces hommes sont entrés légalement en Sierra Leone, il devrait en rester des traces à l'Immigration Office. J'y ai quelques amis. Sinon, j'essaierai de faire une petite enquête, à Longi Airport et dans le milieu libanais. On connaît tous les nouveaux venus. Vous ne savez rien de plus?

— Si, dit Malko, il n'est pas impossible que ces deux hommes se cachent dans la résidence de l'ambassadeur iranien ou chez Karim Labaki.

Le regard du journaliste s'éteignit brusquement.

— *Indeed*, Mr Labaki est très puissant. Même le CID le protège. Je dois faire attention, c'est très délicat. Je ne sais pas si je pourrai arriver à un résultat...

— Je suis sûr que vous ferez de votre mieux, dit Malko.

Il ouvrit son attaché-case et en sortit deux « briques » de billets de vingt leones qu'il déposa sur la table. Goulûment, le journaliste les happa et les fit disparaître dans un tiroir. Juste au moment où la petite journaliste aux seins pointus et aux talons aiguille entrait dans le bureau. Elle glissa un regard allumé à Malko et annonça :

— Eddie, je vais au palais de Justice!

— Voilà Bernice, ma meilleure enquêtrice, dit Eddie Connolly. Un ami, Mr Linge.

Bernice ne devait pas seulement être sa meilleure enquêtrice... Elle lança à Malko :

— Vous n'allez pas en ville?

— Mais si, fit-il.

— Déposez-moi, alors. Je n'ai pas de voiture.

Eddie Connolly faisait la gueule. Bernice l'embrassa avant de partir et précéda Malko. En bas, elle se cala avec délices dans la 505.

— J'ai une voiture, mais je n'ai pas le temps de faire la queue pour l'essence, fit-elle. Eddie se débrouille, lui.

Elle était vraiment piquante avec son corps nerveux et ce visage triangulaire aux yeux brillants soulignés de mauve. Une petite bombe sexuelle. Bernice descendit en face du grand cotton-tree et lui adressa un regard lourd de promesses.

— Si vous voulez des tuyaux, je suis là tous les jours.

Les soldats de garde devant le palais de Justice suivirent d'un air avide le balancement provocant de ses hanches. Paisibles et pacifiques, les Sierra Leonais ne pensaient qu'au sexe et à la musique.

Malko tourna autour du cotton-tree et remit le cap sur le *Mammy Yoko*. Ses hameçons étaient lancés, il ne restait plus qu'à tirer avec précaution sur les lignes...

*
**

Un Noir attendait dans le hall du *Mammy Yoko*. Il s'approcha de Malko et demanda timidement :

— Mister Linge? J'ai un message de Mr Bill. Il vous demande d'aller le voir...

Evidemment, sans téléphone, les communications étaient aléatoires. Malko avait juste le temps de prendre une douche avant de se relancer sur la piste démoniaque de Lakka. Que voulait Wild Bill Hodges?

Il mit le Colt 45 dans une sacoche de cuir avec une énorme liasse de leones. La piste lui parut encore plus dure que la première fois. Une horreur. Impossible même de penser. La poussière rouge pénétrait partout, brûlait les yeux, les cahots meurtrissaient le dos, les reins, les poignets, les muscles. Il aurait fallu un char ou une moto...

Déception, la Range Rover rouge de l'Irlandais n'était pas devant la villa. Malko entra et tomba sur un domestique noir.

— Patron pas là, fit-il. Allé Freetown.

Le comble. Malko regarda la piscine avec une furieuse envie de se jeter dedans, vite calmée par le spectacle des divers batraciens qui s'y ébattaient.

— *And the lady?* insista-t-il.

— Partie aussi.

De mieux en mieux... Au moment où Malko allait repartir, le Noir montra la plage.

— Miss Seti nager là-bas...

Il se dirigea vers la plage, sa sacoche à la main. Personne. A droite, il voyait tout, mais à gauche, un mouvement de terrain lui cachait la vue. Il se mit en marche sur le sable dur et découvrit, après un amas de rochers, une plage encore plus belle avec les bungalows d'un club de vacances. Une silhouette était étendue sur le sable. Trop loin pour qu'il puisse voir de qui il s'agissait. Il reprit sa progression. L'endroit était idyllique avec les cocotiers, la mer et ce sable blanc...

La silhouette se révéla être une femme... Allongée sur le ventre, vêtue en tout et pour tout d'un slip rouge. La peau brune et les longs cheveux noirs, le corps élancé lui firent reconnaître Seti. La jeune femme tourna la tête et ôta ses lunettes noires en le voyant. Son regard se posa sur lui, interrogateur et ravi.

— Mais que faites-vous ici?

— Je cherche Bill.

Elle rejeta ses cheveux en arrière et se redressa, découvrant ses seins pleins et fermes, sans aucune pudeur.

— Il est parti en ville il y a un bon moment avec Yassira.

— Il m'avait donné rendez-vous.

— Il lui arrive d'oublier. Attendez-le, il ne devrait pas tarder. Mettez-vous en maillot, la mer est très bonne.

— Je n'en ai pas.

Elle se leva.

— Je vais vous en prêter un, attendez-moi.

Elle disparut dans la cocoteraie qui dissimulait une douzaine de grands bungalows et revint avec deux maillots. Malko profita de l'abri d'un gros fromager pour se changer. Seti l'attendait en jouant dans l'eau. Les vagues étaient tièdes, c'était délicieux. Ils nagèrent un peu, puis restèrent au bord, de l'eau à mi-corps.

— Que faites-vous ici? demanda Malko.

— J'ai décidé de m'installer dans un des bungalows de St-Michael Lodge, expliqua Seti. En ce moment, il y a de la place.

Une vague les jeta l'un contre l'autre. Machinalement, Malko referma son bras autour de la taille de Seti qui demeura contre lui, une cuisse entre les siennes, le regard soudain flou. Les pointes de ses seins appuyaient contre sa poitrine, ajoutant à son trouble. Une vague plus forte les sépara et elle s'ébroua.

— Venez, nous allons prendre une douche.

Il la suivit jusqu'au bungalow, spacieux avec un superbe toit de chaume. Une moustiquaire pendait au-dessus du lit. Seti fit glisser son maillot, révélant le triangle bien épilé de son ventre et ses fesses cambrées. Malko la rejoignit sous la douche. L'eau fraîche apaisa la brûlure du soleil et du sel. Il avait l'impression d'être en vacances.

Seti, avec un regard rieur, coupa la douche, s'accroupit soudain devant lui et le prit dans sa bouche avec douceur. On n'entendait plus que le froissement soyeux du grand ventilateur et, dans le lointain, le bruit des vagues... Les doigts et la bouche de Seti faisaient merveille. Malko sentait son membre emplir peu à peu la bouche de la jeune femme et ses reins commençaient à le picoter. De la main gauche, elle caressait le creux de son dos, descendant plus bas, l'agaçant avec audace. Puis, elle se redressa, le prit par la main et l'entraîna vers le lit.

Bras et jambes écartés elle attendit qu'il se rue en elle, avec un soupir de satisfaction.

Elle ondulait doucement, avec de petits soupirs, de brusques saccades, se frottant, avec la sensualité délicate d'une chatte amoureuse. Malko se dégagea, la mit sur le côté et revint en elle. Il commença, tout en remuant lentement au fond de son ventre, à jouer avec les pointes de ses seins. Seti se cambrait, se tordait dans ses bras; elle gémit : « Arrête, arrête, tu vas encore me faire jouir »... Son corps était trempé de sueur, ses jambes se détendaient spasmodiquement. Il la prit aux hanches et se mit à la pilonner, heurtant chaque fois ses fesses rondes, lui arrachant cette fois des cris. Ils explosèrent ensemble et demeurèrent emboîtés l'un dans l'autre. Enroulés dans la moustiquaire qui s'était décrochée.

Un peu plus tard, Seti s'étira et murmura :

— J'aime faire l'amour avec toi. J'ai pourtant été très amoureuse de Bill. Peut-être parce qu'il était une brute. Avec lui, je baisais. Dès que son sexe énorme me touchait, j'étais dans tous mes états, je jouissais comme une folle. Mais il ne m'a jamais caressée et il semblait ignorer que j'avais des seins... Et puis, il a rencontré cette pétasse de Yassira...

— Tu ne la portes pas dans ton cœur...

— C'est une salope! fit-elle avec une conviction profonde. Elle s'ennuyait avec son Libanais qui la baisait une fois par mois. Elle avait entendu dire que Bill était un coup superbe, elle a voulu l'essayer. Quand elle en aura assez, elle retournera dans sa grande maison de Station Hill, prendra une bonne trempe et Bill restera tout seul comme un con...

Quelle lucidité...

— Il ne s'en doute pas?

— Je ne sais pas. Quand il a envie d'une femme, il est comme fou. En plus, il pense qu'il est toujours le plus fort, mais ici, les Libanais font la loi. Ils ont trop de complices. Il y laissera des plumes ou sa peau.

— Il reviendra avec toi.

— Je n'en veux plus. Attends! Je vais reprendre une douche.

Au moment où elle émergeait de la mousti-quaire, on frappa un coup à la porte. Seti fit un pas en avant, défit le loquet et entrouvrit. Une violente détonation fit trembler le bungalow. Horrifié, Malko vit Seti rejetée en arrière comme par un poing invisible, une énorme tache rouge au milieu de la poitrine.

La porte avait volé en éclats. Il aperçut le canon d'un shot-gun balayant la pièce à sa recherche.

Allongée sur le dos, Seti, les yeux vitreux, agonisait.

CHAPITRE VII

Les narines piquées par l'âcre odeur de la poudre, Malko roula sur lui-même, entraînant la moustiquaire, avec une seule idée : éviter la prochaine décharge.

Il tomba sur le tapis de raphia au moment où un second coup de feu explosait. La charge de chevrotine déchiqueta les supports de la moustiquaire et creusa un trou énorme dans le mur. Fébrilement, Malko arracha le rabattant de la sacoche en cuir où se trouvait son arme.

Aucun bruit à l'extérieur. Le tueur devait recharger son shot-gun. Malko saisit le Colt 45, tira la culasse en arrière et, dans la foulée, visa la porte le bras tendu. Il lâcha trois cartouches, son index crispé sur la détente.

Profitant de l'abri du lit, il se déplaça ensuite le long du mur vers la porte toujours grande ouverte.

Aucune réaction. L'arme à bout de bras, il plongea à l'extérieur. L'air tiède lui frappa le visage.

Il aperçut, déjà au fond de la cocoteraie, un homme de haute taille qui s'enfuyait vers la route, un fusil à la main. Sans hésiter, Malko vida son chargeur, jusqu'à ce que la culasse reste ouverte. Mais la cible était trop loin. Le tueur dispa-

rut. Des Noirs accouraient du Club House de
St-Michael Lodge, attirés par les coups de feu.
Malko entendit un bruit de moteur dans le lointain. L'assassin s'enfuyait. Il rentra dans le bungalow et se pencha sur Seti.

La jeune femme, étendue sur le dos les yeux
fixes, ne respirait plus. Une horrible blessure
déchiquetait sa poitrine. La charge de chevrotine
lui avait fait exploser le cœur. Il se redressa, des
larmes dans les yeux. La mort était une chose
abominable, irréversible. Il se retourna : trois
Noirs regardaient la scène, terrifiés. Il leur dit :

— Allez prévenir Bill Hodges.

Un des Noirs partit en courant. Malko prit le
drap et en couvrit la dépouille de Seti. Victime
innocente car c'est lui qui était visé, sans aucun
doute. Or, il n'avait encore rien découvert sur les
deux terroristes chiites. Sa présence seule
représentait donc un danger. L'homme qu'il avait
vu s'enfuir pouvait être Eya Karemba, le Noir
gigantesque qui travaillait pour Karim Labaki. Il
pensa soudain à Rugi. Elle aussi était en danger.
Il fallait l'avertir.

Ses réflexions furent brutalement interrompues
par une tornade.

Wild Bill Hodges.

L'Irlandais, riot-gun Beretta à bout de bras, les
yeux réduits à un trait, le visage congestionné,
avait écarté les Noirs agglutinés autour de la porte
comme un boulet de canon. Sans un mot il fonça
sur le corps, arracha le drap et contempla Seti.
Puis, il se redressa après avoir recouvert le visage
de la morte et demanda d'une voix croassante :

— Qui est le salaud qui a fait ça ?

En peu de mots, Malko lui fit le récit du
meurtre. Le visage fermé, Wild Bill Hodges inter-
pella les Noirs en créole incompréhensible pour
lui. L'un d'eux répondit en hésitant.

— Vous connaissez un très grand Noir qui a une Pajero blanche? demanda-t-il à Malko.

— La Pajero, je ne sais pas, mais le tueur, cela pourrait être Eya Karemba.

— Karemba! Cet enculé de salaud!

Il était sur le point d'exploser. Violet. Serrant son riot-gun comme s'il allait s'en servir sur-le-champ.

— Ce sont ces fumiers de Libanais qui ont voulu se venger, dit-il. Ils vous ont pris pour moi. On va aller voir Labaki et il va y avoir du sang sur les murs. Vous savez vous servir d'un M.79 (1)?

— Pourquoi m'avez-vous donné rendez-vous? coupa Malko.

L'Irlandais le fixa, sincèrement étonné.

— C'est *vous* qui m'avez dit de vous retrouver au *Gem*, le restaurant libanais. Vous m'avez envoyé un type.

Un ange passa. Horrifié.

— C'est moi qu'on visait, corrigea Malko. Pas vous.

Il lui expliqua le coup des deux faux rendez-vous. Bill Hodges l'écouta en silence avant de dire :

— Je vous emmène voir Sheka Songu, le chef de la police. C'est mon pote, il va nous aider. Si c'est ce salaud de Karemba...

Bill Hodges salua d'un geste désinvolte la sentinelle en uniforme qui veillait devant le bureau du chef de la police Sheka Songu, donna un coup sec sur la porte et entra, suivi de Malko. Le QG de la police était encore très animé en dépit de l'heure

_____
(1) Lance-grenades.

tardive. Ils avaient franchi les treize kilomètres séparant Lakka de Freetown à une allure démente, l'un suivant l'autre et Malko avait laissé au passage sa voiture au *Mammy Yoko*. Le chef de la police leva vers eux un visage courroucé, aussitôt éclairé d'un sourire. Il contourna son bureau et vint vers l'Irlandais, la main tendue.

— *Bill, my friend!*

Le mur derrière son bureau disparaissait sous les images religieuses, allant du Christ en croix au Pape, en passant par la Vierge et toutes sortes de saints... Voilà un homme qui ne cachait pas sa foi... Il avait de curieuses oreilles de faune, comme si on en avait sectionné la partie supérieure. Il prit Bill dans ses bras, l'étreignit puis s'écarta avec un regard de reproche.

— Je ne t'ai pas vu à la messe dimanche...

— J'étais en brousse, dit Bill.

— Ah bon! fit le chef de la police, soulagé. J'avais cru que tu étais devenu protestant. Pourquoi tu viens me voir?

— Sheka, fit Bill Hodges, as-tu sous tes ordres un type qui s'appelle Eya Karemba, un grand type costaud?

Le Noir fronça les sourcils.

— Oui.

— Il a une voiture?

— Oui, une Pajero blanche. Pourquoi?

— Il a tué mon amie Seti et tenté d'assassiner mon ami Malko Linge ici présent, il y a deux heures.

Le visage du policier se ferma.

— C'est grave ce que tu dis là... Tu es sûr?

— Dis-moi, fit l'Irlandais, tu les paies bien tes flics. Une Pajero, ça vaut combien de millions de leones?

— Ce n'est pas avec sa solde qu'il l'a achetée, reconnut le policier, embarrassé. Tu sais bien comment ça se passe. Il fait des heures supplémentaires. Je vais le convoquer tout de suite.

Il décrocha son téléphone et eut une longue conversation en créole avant de raccrocher, annonçant :

— Il n'était pas en service aujourd'hui. Il paraît qu'il était chez Labaki.

— Appelle ce salaud, intima Bill Hodges.

Les tatouages sur son bras en tremblaient. Dans son teint blême de fureur, les taches rouges se remarquaient encore plus... Sheka Songu lui jeta un regard inquiet.

— Tu sais que...

— Appelle-le ou j'y vais avec mon Beretta et ça va faire mal...

Sheka Songu retint un soupir et composa un numéro avec une sage lenteur. Visiblement, il souhaitait de tout son cœur qu'on ne réponde pas. Ce qui ne fut pas le cas.

— Mr Labaki est-il là? demanda-t-il d'une voix pleine de respect.

Bill Hodges fit le tour du bureau et brancha le haut-parleur du téléphone. Une voix joviale éclata dans la pièce.

— *Sheka, my friend!* C'est moi, Karim. Qu'y a-t-il pour ton service?

Malgré la jovialité du Libanais, le policier était devenu gris. Il adressa un regard désespéré à Bill Hodges, planté devant lui comme la statue du Commandeur, avala sa salive.

— Mister Labaki, je ne voulais pas vous déranger, mais j'ai besoin d'un de mes hommes pour une mission urgente et je crois qu'il est chez vous...

— Qui?

— Eya Karemba.

Court, très court silence, puis, de plus en plus jovial, Karim Labaki lança :

– Eya? Bien sûr, il est ici, il a travaillé pour moi toute la journée. J'avais des diamants à récupérer en brousse et besoin d'un garde du corps. Tu le connais, il est costaud. Mais il peut être à ton bureau dans une demi-heure.

– Merci, fit Sheka Songu d'une voix éteinte.

– A propos, claironna le Libanais, c'est bientôt l'anniversaire de ta femme, hein? Je crois que j'ai trouvé un petit truc pour elle qui lui plaira. Une vraie pépite, je te l'enverrai. Allez, continue à faire régner l'ordre. Je vois le Président Momoh demain, je lui dirai tout le bien que je pense de toi. A bientôt.

Le clic de l'appareil raccroché sonna comme une guillotine. Bill Hodges s'était précipité, mais le policier avait déjà reposé le récepteur. Il leva un regard mort vers les deux Blancs, dans un silence pesant.

– Vous avez entendu, dit-il d'une voix sans timbre. Si j'accuse Karemba, il jurera qu'il n'a pas quitté Labaki de toute la journée. Le Libanais confirmera. Et si j'insiste, il ira se plaindre au Président qui me téléphonera en m'ordonnant de laisser son ami tranquille...

Il avait l'air misérable. Malko le plaignait. Bill Hodges ressemblait à un volcan sur le point d'exploser.

– C'est lui! dit-il. C'est cette ordure. Je lui couperai la tête et je lui arracherai le cœur. Seti était une conne, mais une gentille fille. Puisque tu ne peux rien, je vais régler mes comptes moi-même avec Labaki.

Songu leva un regard suppliant vers lui.

– Bill, je t'en prie, je ne pourrai pas te protéger. Tu sais qu'il a tous ces Palestiniens...

Bill Hodges le toisa, méprisant.

– Une fois, au Mozambique, je me suis payé
une section entière, tout seul. Alors, tes Palestiniens...

Sheka Songu secoua la tête, accablé, puis son
regard se posa sur Malko.

– Pourquoi Labaki en veut-il tant à ton ami?

– Il cherche deux types, fit abruptement l'Irlandais. Des enculés chiites qui risquent de te causer
des ennuis...

Il résuma au chef de la police la mission de
Malko. Le Noir faisait tourner un crayon dans sa
main, perplexe.

– J'ai entendu parler de cette histoire par Jim
Dexter. Je voudrais vous aider, fit-il, mais cela
m'est impossible. D'abord parce que le Président
Momoh interdit que l'on fasse quoi que ce soit
aux Iraniens tant qu'ils n'ont pas d'activités illéga-
les dans ce pays. C'est lui et Labaki qui les ont
fait venir. Je sais que leur ambassadeur lui a
promis la semaine dernière une nouvelle cargaison
de pétrole pour un prix symbolique. Cela permettrait à notre pays de tourner pendant plus de huit
mois.

« Mes hommes de la *Special Branch* surveillent
les Iraniens, jour et nuit, mais ils ne font pas
grand-chose... Ils recrutent des gens. (Il esquissa
un sourire.) On m'a rapporté qu'ils offrent dix
leones à tous ceux qui viennent assister à leurs
conférences le jeudi après-midi, au Centre Culturel. On ne peut pas les mettre en prison pour
cela.

– Et ces deux Chiites? demanda Malko.

– Je ne sais rien à leur sujet. Mais il est vrai
qu'on peut entrer facilement dans notre pays et y
rester si on dispose de complicités locales. En tout
cas, ils ne se cachent pas au Centre Culturel
iranien, j'y ai un informateur...

Le policier semblait sincère. Malko comprit

qu'il n'y aurait rien de plus à en tirer. Encore heureux de bénéficier de sa sympathie protectrice. Bill Hodges n'avait pas calmé sa fureur. Il mit la main sur l'épaule de son copain.

— Tu me donnes cinquante types et je te débarrasse des Libanais en une semaine, fit-il.

Sheka Songu eut un pâle sourire.

— Tu sais bien que ce n'est pas possible... Je vais quand même faire une enquête pour le meurtre de ton amie à Lakka. On va t'envoyer quelqu'un du CID.

— C'est ça, fit l'Irlandais amer, envoie-moi Karemba.

La chaleur était un peu tombée. Comme la colère de Bill Hodges.

— Je vais retourner à Lakka, annonça l'Irlandais. Je vous dépose au *Mammy Yoko*. Je vais réfléchir à ce qu'on peut tenter contre ce fumier de Labaki. Jamais on ne m'a fait un coup comme ça sans le payer...

Il ne desserra plus les lèvres jusqu'au *Mammy Yoko*.

Un message attendait Malko dans son casier. Quelques mots qu'il déchiffra avec peine. Un rendez-vous avec Eddie Connolly, le journaliste. Huit heures, au bar du Casino Leone. A quelques centaines de mètres du *Mammy Yoko*.

Il remonta dans sa chambre et réapprovisionna le chargeur du Colt 45. Karim Labaki ne se bornerait pas à une seule tentative. Il voulait que Malko disparaisse de Sierra Leone. Donc, ce dernier était sur la bonne piste. Maintenant, c'était presque un combat à visage découvert. En parallèle du monde officiel.

*
**

Des Libanais huileux à l'expression rapace suivaient d'un regard plein d'avidité la boule d'ivoire
de la roulette.

Aux tarifs d'hospice pratiqués par le Casino
Leone, ils ne risquaient pourtant pas de se ruiner.
Les croupières noires en longues robes suivaient
d'un regard maussade la valse des jetons.

Malko repéra Eddie Connolly à une table de
roulette. Le journaliste l'aperçut et vint vers lui.

— Sortons, fit-il à voix basse, en le frôlant.

Ils traversèrent le grand bar dont les clients
étaient plongés dans la contemplation d'une télé
suspendue au-dessus du comptoir, retransmettant
en vidéo des matches de foot vieux d'un mois.

Dehors, une pute noire en robe de nylon vert,
comme le néon, attendait mélancoliquement,
assise sur le capot d'une voiture en face de l'entrée
du casino.

Eddie Connolly monta dans une vieille Toyota
et prit la direction de Lumley Beach. Un kilomètre plus loin il stoppa le long de la plage
déserte et rejoignit Malko descendu de sa 505.

Les lumières du *Mammy Yoko* et du Casino
brillaient dans le lointain.

— Merci d'être venu, fit le journaliste. Je ne
veux pas me rendre à l'hôtel. J'y ai fait porter
mon message. Le *Mammy Yoko* appartient à
Labaki, vous savez. Ici, nous sommes tranquilles...

— Vous avez appris quelque chose ?

Eddie Connolly eut un petit rire poli.

— *Indeed, yes !*

Il alluma une cigarette pour faire monter les
enchères.

— Je crois avoir trouvé la trace des deux hommes que vous recherchez, avança précautionneusement le Noir. Bien que je ne sache pas leur nom.

– Où sont-ils?

– Cachés chez Mr Labaki. Il les fait passer pour des Palestiniens, mais un garçon que je connais a reconnu la photo que vous m'avez donnée. Une fois par semaine, la Mercedes les emmène au Centre Culturel iranien. Pour une conférence religieuse, paraît-il. Justement le jour où Mr Forugi est présent... Voilà, ce n'est pas beaucoup, fit-il humblement, mais c'est très difficile avec Labaki. Il fait peur à tout le monde.

– Vous ne savez rien de plus sur ces deux hommes?

– Non.

– Ni combien de temps ils vont rester?

– Non plus. Il n'a parlé d'eux à personne. L'Immigration ignore leur présence. Mais personne ne va chercher de problèmes à Mr Labaki.

L'information d'Eddie Connolly confirmait ce que Malko soupçonnait depuis le début. Expliquant pourquoi le Libanais avait voulu se débarrasser de lui. Même le Président Momoh ne pourrait le soutenir si les USA mettaient vraiment la pression. C'était une information vitale. Il sortit de sa sacoche une liasse de billets de vingt leones épaisse de dix centimètres et la mit dans la main du journaliste.

– Je veux en savoir plus sur ces deux hommes. Ce qu'ils font, quand ils vont quitter la Sierra Leone et comment. Ils ont besoin de papiers, de passeports. On doit pouvoir s'en procurer ici.

– Bien sûr, approuva Eddie, avec très peu d'argent... Mais si Mr Labaki apprenait ce que je fais, il me ferait renvoyer du ministère de l'Information et je n'aurais plus de job... Enfin, je vais essayer. Dès que j'ai quelque chose, je vous laisse un message au *Mammy Yoko*.

Malko le regarda regagner sa voiture. Profitant de la douceur délicieuse de l'air, écoutant le bruit de la mer, il aurait aimé se trouver là avec Alexandra et partir se baigner dans ces vagues tièdes. Seulement, il était confronté à une machination mortelle, et traqué par les gens les plus puissants du pays. Avec comme seule aide un fou comme Wild Bill Hodges.

La lutte contre la montre avait commencé. Il fallait débusquer les deux Chiites libanais et les neutraliser. Seul moyen de réussir sa mission puisqu'il ignorait tout de leur opération. Son cœur battit soudain plus vite. Une voiture approchait très lentement. Elle stoppa à quelques mètres de lui. Ses phares s'éteignirent mais personne n'en sortit. Il demeura figé, s'attendant à chaque seconde à en voir jaillir des tueurs.

Lentement, il s'accroupit derrière la 505 et tira de sa sacoche le Colt 45, armant le chien. Le cliquetis lui parut faire un bruit d'enfer.

CHAPITRE VIII

Le cœur battant, Malko guettait le véhicule arrêté. Un bruit de moteur dans son dos : une autre voiture arrivait en sens inverse. Elle fit demi-tour et se gara derrière lui. De nouveau, les phares s'éteignirent, mais personne ne sortit.

Un picotement de peur parcourut la colonne vertébrale de Malko. Il essuya contre son pantalon sa paume moite, puis, lentement, pointa le Colt 45 sur le véhicule le plus proche. Si c'était une embuscade, autant frapper le premier. Il se trouvait à un bon kilomètre de la civilisation et ne pouvait espérer d'aide de personne. Le bruit du ressac continuait, monotone et rassurant. Il essaya de distinguer une cible à travers le pare-brise de la voiture arrêtée en face de lui.

Impossible. Ses yeux étaient accoutumés à l'obscurité, et il était presque certain que la place du chauffeur était vide. Ce véhicule n'était quand même pas conduit par un fantôme !

Son arme toujours braquée sur le pare-brise de la mystérieuse voiture, il se retourna et éprouva un nouveau choc : l'autre voiture semblait également vide ! Il n'avait pourtant entendu aucun bruit de portière et se serait aperçu d'une sortie quelconque. Il scruta la plage autour de lui sans rien apercevoir. Impossible de prolonger cette situation étrange. Il se redressa et glissa le long de la 505 jusqu'à la portière demeurée ouverte.

Aucune réaction.

D'un bond, il fut à l'intérieur et mit le contact. Courbé sur la banquette afin d'offrir une cible minima.

Il enclencha la première, assura le Colt dans sa main droite et mit plein phares au moment où il démarrait, le pouls en folie.

Le faisceau blanc balaya l'avant de l'autre voiture, l'éclairant comme en plein jour. Le bras tenant le Colt 45 retomba brusquement, et Malko explosa d'un fou rire nerveux. Béat, le conducteur était étalé sur son siège, la main appuyée sur une tête crépue qui montait et descendait entre ses jambes. Malko était encore secoué par son fou rire quand il se gara dans le parking du *Mammy Yoko*. Surprise : Jim Dexter l'attendait dans un des fauteuils du hall. Visiblement soucieux. L'Américain le prit par le bras.

— Allons au bar.

Malko lui fit le récit de sa fausse peur et de l'information communiquée par Connolly. L'Américain se détendit à peine.

— Lumley Beach, c'est la chambre d'amour des Libanais. Ça coûte moins cher que le *Mammy Yoko* et quelquefois, ils balancent la fille sur la plage et filent sans payer... Mais n'y allez pas trop. C'est plein de voyous, la nuit, qui détroussent les amoureux.

— Pourquoi êtes-vous là?

— Sheka Songu est passé me voir. Il m'a raconté ce qui est arrivé. Vous l'avez échappé belle, et cela pose un problème. Personne ne peut rien contre Karim Labaki, à Freetown. Et ce type est un vrai tueur.

— Je m'en rends compte, fit remarquer Malko. D'abord Charlie, et maintenant cette malheureuse

Seti. Nous avons levé un gros lièvre... Sinon, il ne prendrait pas le risque de s'attaquer à un Blanc.

— Vous avez sûrement raison, approuva le chef de station. Mais je me trouve devant un problème moral. Le « finding » du Président donne l'ordre de lancer une action préventive, mais j'ai l'impression que nous n'en avons pas les moyens. Je n'ai pas envie de vous enterrer en Sierra Leone.

— Un homme prévenu en vaut deux, dit Malko. Mon enquête avance. Eddie Connolly travaille sur ces deux terroristes chiites et j'espère obtenir d'autres informations.

Il devait également revoir Wael Afner, l'Israélien, mais, cela, Jim Dexter n'avait pas à le savoir.

— Il faudrait connaître quelle est l'articulation exacte entre Forugi et Labaki, fit l'Américain. Pour ma part, je suis persuadé que c'est Forugi qui tire les ficelles. Pour le compte des Services Spéciaux de Téhéran. Seulement, à ce jour, je n'ai rien pu obtenir sur lui. On ne le voit pratiquement jamais, il n'a aucun contact avec personne... Même Songu n'a pas d'informations à son sujet. Son chauffeur est iranien et habite dans leur résidence de Hillcot Road.

— Il y a une petite chance avec l'histoire de la standardiste sierra-leonaise qui serait sa maîtresse, lui rappela Malko. Si ce n'est pas un simple racontar. Mais les Intégristes iraniens ne sont pas aussi ascètes qu'ils le prétendent. J'en sais quelque chose (1). Je revois Rugi demain soir. Si elle me mène à la maîtresse d'Hussein Forugi, cela peut constituer un levier intéressant...

Jim Dexter semblait sceptique. Et inquiet.

— J'espère que Rugi la trouvera, fit-il. En attendant, faites bigrement attention. Freetown, c'est le

_____

(1) Voir *La Veuve de l'Ayatollah*. SAS n° 78.

Far West. Un type comme Labaki est plus puissant que la police.

Malko tapota sa sacoche, qui ne le quittait plus.

– Sans votre Colt, je serais déjà mort. J'ai un avantage sur Hussein Forugi : il ignore comment je vais essayer de l'attaquer. Maintenant, je vais prendre une douche et dormir.

Hussein Forugi contemplait d'un air morose la brume de chaleur qui flottait sur Freetown. Il allait encore faire une chaleur d'enfer, avec 100 % d'humidité. Il fallait vraiment vouloir servir la Révolution islamique pour venir s'enterrer dans ce coin pourri. Et encore, en haut de Hillcot Road, où il se trouvait la température était un peu plus clémente... La glace lui renvoya l'image de son visage blafard et mal rasé, de ses cheveux collés à son front par la transpiration. Ses petits yeux noirs enfoncés respiraient la méchanceté et la ruse... Ancien informateur de la Savak – la police politique du Shah – il avait dû se montrer particulièrement méritant dans l'ignominie, pour avoir le douteux honneur de se dépasser ensuite dans le même domaine au service des Ayatollahs. On l'avait quand même mis en pénitence dans cet endroit oublié d'Allah afin qu'il puisse s'y perfectionner dans la connaissance du Coran et monter une petite opération bien sanglante. S'il réussissait, il regagnerait Téhéran, promis à un avenir radieux...

Comme chaque matin, il prit la tondeuse munie d'un sabot qui lui permettait d'avoir toujours une barbe de trois jours, conforme à la volonté des Mollahs, puis égalisa soigneusement ses poils noirs. Il posa ensuite sa tondeuse et se débarrassa

de son pyjama. Son corps, à la peau très blanche
semée de touffes de poils noirs, était plein de
bourrelets.

Il passa dans la salle de bains, ouvrit la douche
et décrocha le téléphone mural.

— *Bambé Inja* (1)? demanda-t-il à son garde du
corps.

— *Baleh, baleh* (2).

— Envoie-la-moi.

Bambé était la standardiste de la Résidence,
une jeune Sierra Leonaise de dix-huit ans, au
corps de rêve moulé dans des garas peints à la
main, avec des seins pointus comme des obus et
des fesses où on pouvait poser un cendrier. Sa
grosse bouche de Peul (3) avait fait saliver Hussein Forugi dès son arrivée à la Résidence. Ce
n'était pas vraiment le genre de Téhéran... On
frappa deux coups à la porte.

— Entre.

La jeune Bambé se glissa dans la pièce, les yeux
baissés, embarrassée, essayant de ne pas fixer le
corps nu. Hussein Forugi respirait plus vite. Quel
moment extraordinaire...

— Viens, fit-il, je dois aller à l'ambassade. Je ne
veux pas être en retard.

A regret, elle défit son gara, découvrant les
seins pointus, fermes comme du marbre, puis la
courbe rebondie des reins avec les fesses peut-être
un peu trop larges, mais merveilleusement rondes
et cambrées, à peine protégées par un minuscule
slip bleu.

Hussein Forugi avait enjambé la baignoire et
attendait debout à l'intérieur. Bambé le rejoignit.
Elle prit d'abord la pomme de douche et se mit

(1) Bambé est là?
(2) Oui, oui.
(3) Tribu du Cameroun.

en devoir de l'arroser sur tout le corps. L'Iranien demeurait strictement immobile, les yeux fermés. A tâtons, il s'empara des seins de la jeune Noire et se mit à les malaxer... Le contact de la peau douce et ferme lui donna une érection immédiate.

Bambé avait commencé avec un gros savon à recouvrir son corps de mousse blanche. Ensuite, elle prit un gant éponge et, avec le même soin, se mit à frotter d'abord le torse et les épaules, puis les jambes, le dos, les fesses... Hussein Forugi respirait de plus en plus vite. Il avait lâché les seins de Bambé et attendait le dos au mur, fixant avec avidité le corps nu de la jeune Noire. Celle-ci nettoyait à présent avec une attention toute particulière le bas-ventre de l'Iranien.

Hussein Forugi poussa un bref gémissement d'extase et son sexe se dressa avec encore plus de vigueur.

Bambé continua à masser les testicules, le scrotum, l'entre-jambe, puis lentement le sexe jusqu'à ce que le gland vermillon émerge de la mousse blanche.

Son visage était absolument impassible. Celui d'Hussein Forugi habituellement blême s'était congestionné. La bouche ouverte, il haletait avec une respiration sifflante. Ses mains emprisonnèrent à nouveau les seins de la jeune Noire, les malaxant, les pinçant, comme un malade. Puis il descendit vers la croupe ferme, en épousant tout le contour. Bambé accéléra son massage. L'Iranien poussa un vrai cri de désespoir.

— Non, attends! Doucement.

Bambé n'obtempéra pas. Alors, brutalement, Hussein Forugi écarta les mains qui le manipulaient et saisit la nuque de Bambé. Elle essaya de se dégager.

— Non, Boss!

Les doigts de l'Iranien ressemblaient à des crochets d'acier. Rien au monde ne l'aurait fait renoncer à son phantasme. Inexorablement, la tête s'abaissait et sa bouche pulpeuse finit par entrer en contact avec le sexe dressé de Forugi. Il en poussa un gémissement ravi.

— Laisse-moi, Boss, supplia Bambé.

— Fais-le ou tu perds ta place ! siffla Forugi.

Bambé entrouvrit ses lèvres épaisses. Huit mille leones, ce n'était pas terrible, mais cela valait mieux que rien dans un pays avec 40 % de chômage. Aussitôt, le sexe du Conseiller culturel s'engouffra dans sa bouche jusqu'à la glotte. Elle en eut un haut-le-cœur. Prudent, Hussein Forugi se retira un peu, puis commença à se servir de la bouche de la Noire comme d'un sexe, les doigts toujours crispés sur la nuque, savourant son plaisir. Surtout ne pas se presser... Il relâcha un peu sa pression et Bambé continua docilement sa fellation. Quand il était particulièrement content, Hussein Forugi allait jusqu'à lui donner mille leones (1). De quoi se payer dix garas neufs.

Cela lui était égal de faire l'amour, mais elle détestait cette caresse, réservée aux putains...

Hussein Forugi n'en pouvait plus de plaisir. La douche continuait à couler, couvrant le bruit de ses gémissements. C'était un secret de polichinelle dans la Résidence que ses entrevues matinales avec la standardiste ne concernaient pas le travail. Les autres Noires travaillant à la Résidence se moquaient de la malheureuse Bambé, contrainte à des fantaisies qui n'entraient pas dans le rituel sexuel africain. Certes, les mœurs étaient plus que libres en Sierra Leone, mais, sauf dans les milieux très sophistiqués, on baisait tranquillement et vite,

(1) Environ 150 francs.

sans le moindre contraceptif. Le reste, c'était « manières à Blancs »...

Hussein Forugi se sentait au bord de l'explosion. Sournoisement, il raffermit sa prise sur la nuque de Bambé. Celle-ci, aux frémissements du sexe qu'elle enveloppait de sa grosse bouche, comprit aussi que sa corvée se terminait. Elle accéléra brutalement et, dès qu'elle sentit la sève jaillir, voulut relever la tête. Peine perdue, Forugi lui abaissa la nuque d'une main de fer, la força à avaler son sperme jusqu'à la dernière goutte, tandis qu'il grognait comme un verrat heureux. C'était un jour particulièrement faste. Bambé avait bien tenu dix minutes...

Le dernier spasme passé, il la lâcha. Aussitôt, Bambé se précipita vers le lavabo... L'Iranien se rinça d'un coup de douche, l'âme et le corps en paix, sortit de la baignoire, s'enroula dans une serviette et alla chercher une liasse de leones. Avec les billets de deux leones, cela faisait plus important. Bambé avait déjà remis son gara. Elle prit les billets sans un mot et gagna la porte.

Hussein Forugi la regarda partir, ravi. Après une séance comme ça, il pourrait s'en passer pendant deux ou trois jours... Cela avait commencé par hasard. Presque par un jeu. Bambé avait été engagée comme standardiste. Un jour où il se plaignait de douleurs, elle lui avait proposé un massage avec un onguent préparé par son oncle, un peu sorcier.

A la fin de la séance, Hussein Forugi avait toujours mal au dos mais bandait comme un fou. Peu à peu, le jeu s'était sophistiqué.

L'Iranien s'habilla rapidement. Il avait une réunion importante avec son ambassadeur concernant l'opération menée à partir de la Sierra Leone.

Il avait aussi rendez-vous au Centre culturel

avec Karim Labaki qui devait lui annoncer une
bonne nouvelle.

***
****

Malko consulta sa Seiko-quartz pour la
vingtième fois. Pas de Rugi. Le restaurant
Lagonda dominant la baie de Freetown était
pratiquement vide. Décidément, elle avait le chic
pour rater ses rendez-vous. En plus, Malko mourait de faim. Il avait rongé son frein toute la
journée, tournant en rond entre la piscine du
Mammy Yoko et sa chambre. Sans informations,
il était condamné à l'inaction. Dépité, il sortait du
casino *Bitumani* pour regagner son hôtel quand il
aperçut Rugi jaillissant d'une Mercedes. Elle se
jeta dans ses bras et l'embrassa.

— Ma voiture était en panne. J'ai dû prendre
un poda-poda... Et ensuite celle d'un ami. Venez
vite!

— Où?

— J'ai retrouvé la fille que vous cherchiez. Par
une société de femmes. Elle s'appelle Bambé
Tobie. Je lui ai donné rendez-vous au restaurant
de *Kofi*, vous savez, la maison rouge sur Pademba
Road.

Dans la 505 de Malko, elle étira voluptueuse-
ment ses longues jambes. Cette fois, elle portait
une mini hyper courte qui dévoilait ses longues
cuisses mates. Les cheveux tirés en arrière accen-
tuaient le charme de ses yeux en amande.

Ils traversèrent Freetown à tombeau ouvert,
jusqu'au gros cotton-tree pour remonter Pademba
Road.

C'était le restaurant où Malko était allé le soir
de son arrivée. L'éclairage rouge était toujours
aussi tamisé. Rugi le mena directement à une
petite salle au fond où attendait une fille seule.

Malko fut frappé par le magnétisme sexuel qu'elle dégageait avec sa bouche trop grande plantée au milieu d'un visage de chat triangulaire aux yeux curieusement en amande, comme une orientale. Le gara multicolore moulait des seins dardés et gonflés.

— Voilà Bambé, annonça Rugi.

Elle échangea quelques mots en créole avec Bambé qui lui répondit d'une voix fluette.

— Il faut que personne ne sache qu'elle vous a vu, précisa Rugi.

— Promis, dit Malko. Elle se doute de ce qui m'intéresse?

— Non. Mais elle est très fâchée contre Hussein Forugi, l'Iranien. Il lui fait faire des choses qu'elle n'aime pas. Les Africaines sont très pudiques, vous savez...

Une serveuse apporta d'autorité des Star pour tout le monde. Malko, dans un premier temps, préférait laisser Rugi utiliser le créole avec Bambé, afin d'éviter les questions directes.

— Qu'est-ce qu'il lui a fait? demanda-t-il.

— Il fait comme si je suis Madame Putain qui fait boutique son cul, fit Bambé d'un ton enfantin et indigné.

Elle raconta ses matinées de massage, terminant sur le dernier incident. Malko retenait un fou rire... Bambé baissa les yeux, après un regard pour Malko signifiant qu'elle n'avait pas la même répugnance pour des relations normales... Il tira une photo de sa poche et la posa sur la table.

— Est-ce qu'elle connaît cet homme?

Bambé regarda attentivement la photo de Nabil Moussaoui découverte sur Charlie et secoua la tête, désorientée.

— Je ne sais pas, dit-elle. Les Blancs se ressemblent tous...

Encourageant. Malko insista.

— Je cherche deux hommes jeunes, des Libanais qui se seraient cachés à la Résidence iranienne.

Bambé se mit à jacasser en créole, aussitôt traduite par Rugi.

— Elle dit que deux hommes ont vécu quelques jours dans une section de la Résidence où elle n'avait pas le droit d'aller. Mais ils sont partis un matin dans la Mercedes de Hussein Forugi, elle ne sait pas où.

Ce qui recoupait l'information de Eddie Connolly. La serveuse apporta de la langouste coupée en morceaux, qui semblait avoir macéré un siècle dans le pilli-pilli. Entre deux rasades de Star pour éteindre le feu de sa gorge, Malko essaya en vain d'en savoir plus sur Hussein Forugi. Sauf l'observation de Bambé confirmant le passage probable des deux Chiites chez les Iraniens, il faisait chou blanc...

Rugi, qui avait englouti assez de piment pour concurrencer un avaleur de feu, jeta un coup d'œil nerveux à sa montre et lança :

— Je dois vous laisser. Vous pouvez raccompagner Bambé? Elle habite Murray Town.

Elle était déjà debout, ne tenant pas en place. Elle embrassa Malko sur la joue et disparut. Les yeux baissés, Bambé cuvait son pilli-pilli et sa bière. Lorsqu'elle se leva pour partir, Malko put constater que sa chute de reins était absolument somptueuse, soulignée par la taille incroyablement mince.

— Il faudrait me tenir au courant de ce qui se passe à la Résidence des Iraniens, demanda Malko, en anglais, remontant Pademba Road.

— Je ne veux plus y retourner, annonça Bambé.

Son anglais était un peu succinct, mais très compréhensible.

Ça, c'était le comble. A quoi bon l'avoir retrouvée?

— Pourquoi? demanda Malko.

— Je ne veux plus faire Madame Putain, fit-elle d'un ton définitif.

Il sentit qu'il n'y aurait pas moyen de la faire changer d'avis. La récolte de la soirée était mince.

— Qu'est-ce que vous allez faire? demanda-t-il.

— Chercher du travail...

Dans un pays comme la Sierra Leone, autant jouer au loto. Mais comme beaucoup d'Africains, Bambé était fataliste.

De nuit, les rues de Murray Town, bordées de vieilles baraques créoles, sans éclairage, défoncées, étaient particulièrement sinistres, à part quelques lumignons de marchands en plein air. Bambé guida Malko jusqu'à un portail aux vantaux arrachés donnant sur un grand jardin en friche. Il s'arrêta devant une vaste maison plongée dans l'obscurité.

— C'est grand, remarqua Malko.

— Ce sont les bureaux de l'agence de voyage Kon-tiki, expliqua Bambé. Ils occupent tout. Moi, j'ai juste une chambre en bas. C'est pour éloigner les voleurs.

Elle ne sortait pas de la voiture, comme si elle attendait quelque chose. Malko tira une liasse de leones de sa sacoche, et la posa sur ses genoux.

— Si vous pouviez apprendre quelque chose sur ces deux hommes...

Bambé s'empara de l'argent, ravie.

— Maintenant que je ne travaille pas, j'ai beaucoup de temps. Si tu veux venir me voir...

Complètement apprivoisée... Plus besoin d'utiliser le créole.

Elle s'éloigna vers la maison dans la lueur des phares et Malko suivit le balancement voluptueux de ses hanches moulées par le gara, puis repartit. Déçu. Comment progresser maintenant?

Il n'avait pas encore répondu à la question en arrivant au *Mammy Yoko*. Un mot de l'écriture hachée d'Eddie Connolly était glissé sous sa porte.

« Rendez-vous à Lumley Beach, ce soir à onze heures. »

Il était onze heures dix.

CHAPITRE IX

Malko s'engagea sur Lumley Beach et mit pleins phares. Plusieurs voitures étaient stoppées le long de la plage, face à la mer. Des Libanais en train de copuler... Il dut aller presque jusqu'à l'hôtel *Atlantic* pour trouver Eddie Connolly. Le journaliste faisait les cent pas à côté de sa voiture, fumant une cigarette. Les phares de la 505 éclairèrent une silhouette à l'intérieur de la Toyota. Bernice, la petite journaliste déjà rencontrée au News-Room. Eddie Connolly joignait l'utile à l'agréable.

– *Good evening*, dit le Créole, très courtoisement. J'avais peur que vous ne veniez pas...

– Vous avez quelque chose d'important ? interrogea Malko.

L'autre se rengorgea avec un petit rire satisfait.

– *Indeed, yes*... J'ai eu de la chance. J'ai quelques amis à l'Immigration. Grâce à eux, j'ai appris que Karim Labaki a demandé une faveur pour deux de ses amis.

– Quelle faveur ?

– Des papiers pour sortir officiellement du pays. Sous une fausse identité.

Le cœur de Malko battit plus vite. Si les terroristes avaient besoin de faux papiers, c'est qu'ils se préparaient à l'action.

— A quels noms?

— Je l'ignore encore. Mais je dois le savoir demain. Par mon ami.

Malko dissimula son excitation. Cette fois, il s'approchait du but. Ces documents devaient concerner les deux terroristes chiites que le Libanais cachait chez lui. Ils étaient donc sur le point d'être « activés ». S'il arrivait à connaître l'identité sous laquelle ils voyageaient, cela permettrait de les neutraliser hors de la Sierra Leone.

— C'est très bien, dit Malko. Vous ne le regretterez pas.

Eddie Connolly écrasa sa cigarette à terre avec un sourire plein d'humilité et continua d'une voix timide :

— Vous ne m'aviez pas dit que l'on avait tenté de vous assassiner.

— Comment l'avez-vous appris?

— Par un de mes informateurs au CID.

— Vous savez qui a fait le coup?

Le journaliste secoua la tête.

— Pas avec certitude. On dit que c'est Karemba. Pour le compte de Karim Labaki.

Un ange passa, emporté par la brise tiède. Eddie Connolly se gratta la gorge. Mal à l'aise.

— Faites attention, vous aussi, conseilla Malko.

Le journaliste eut un geste fataliste.

— J'ai déjà été menacé, dans d'autres affaires. Mais dans notre pays on n'aime pas tuer les journalistes. Je suis très connu en Sierra Leone. Même Mr Labaki doit tenir compte de cela. Le Président Momoh m'aime bien... Ici, nous avons une tradition de liberté de la presse.

Une voiture s'arrêta près d'eux et éteignit ses phares. Cette fois, le pouls de Malko ne gagna pas un battement. Eddie Connolly jeta un coup d'œil en direction de sa voiture.

— *Indeed*, je vais devoir vous quitter, annonça-

t-il avec son urbanisme exquis. Je pense obtenir
cette information demain en fin de journée. Nous
pouvons nous revoir ici, vers la même heure.

– Parfait, dit Malko. Si vous l'obtenez, je vous
promets une prime de deux mille dollars.

Les yeux d'Eddie Connolly cillèrent derrière ses
grosses lunettes et il émit un rire un peu gêné.

– C'est une somme très importante. Je ferai de
mon mieux.

Il tendit la main à Malko avant de remonter
dans sa voiture.

– A demain.

Malko fit demi-tour et repartit vers Aberdeen.
Il y avait maintenant des dizaines de voitures
arrêtées le long de la route. Ça flirtait à tout va
sur toute la plage.

Dans le hall du *Mammy Yoko*, les habituelles
putes bayaient aux corneilles... A peine Malko
était-il dans sa chambre qu'on frappa à la porte.
Méfiant, il alla ouvrir, le Colt dissimulé sous une
serviette. Pour se trouver nez à nez avec une
somptueuse Noire, moulée dans une robe de
taffetas rouge fluo.

– Bonsoir, patron, lança-t-elle avec un sourire
découvrant d'énormes dents blanches de canni-
bale. C'est l'amour qui passe.

Et le Sida avec. C'était une Guinéenne. Le
régime fou de Sekou Touré en avait poussé quatre
cent mille à venir s'installer en Sierra Leone.
Malko déclina poliment. Il avait hâte d'être plus
vieux de vingt-quatre heures.

– Deux mille dollars! s'exclama, choqué, Jim
Dexter. Mais vous savez combien je lui donne à
Eddie? Un jerrican d'essence par semaine. Et
encore, il me baise les mains.

Le chef de Station de la CIA était outré par la munificence de Malko. Il ajouta, réprobateur :

— Je dois rendre compte de mon budget, moi.

— Ecoutez, Jim, fit Malko, agacé de cette pingrerie, vous avez vu ce qui m'est arrivé? Connolly risque sa peau en nous aidant. Et vous avez un « finding » du Président des Etats-Unis pour vous couvrir. C'est moi, le chef de mission, et j'estime que si pour quelques milliers de dollars nous évitons une catastrophe majeure, ce n'est pas un mauvais deal.

— Pour une somme pareille, il risque de vous inventer n'importe quoi...

— Je ne crois pas, dit Malko et je vérifierai. Nous sommes assis sur une bombe qui fait tic-tac... J'aimerais bien la désamorcer.

— Et Wild Bill? Vous avez de ses nouvelles?

— Non, je n'ai pas besoin de lui. Pour l'instant.

Jim Dexter eut un soupir résigné.

— Espérons que Connolly va vous amener du concret.

— Nous ferons le point demain matin, dit Malko.

Il n'avait plus qu'à tuer le temps jusqu'au soir. Eddie Connolly était désormais son seul espoir, Bambé, la standardiste, étant débranchée...

Chaque fois que des phares apparaissaient à l'entrée de Lumley Beach, le cœur de Malko battait un peu plus vite. Mais aucune voiture ne s'arrêtait à sa hauteur. Il consulta sa Seiko-quartz pour la centième fois : minuit et demi. Les derniers Libanais venus assouvir leur lubricité à bon marché avaient disparu. Quelques silhouettes inquiétantes rôdaient dans l'ombre de la plage, mais ne s'étaient pas approchées.

Que faisait Eddie Connolly?

L'absence de téléphone rendait la vie difficile à Freetown... Il attendit encore un quart d'heure puis décida de retourner au *Mammy Yoko*. Le hall et le bar étaient déserts. Aucun message du journaliste. Même les putes étaient parties se coucher. Il ressortit, inspecta le casino *Bitumani* et le *Leone*.

Sans plus de succès.

Il commençait à être sérieusement inquiet. La perspective des deux mille dollars aurait dû faire donner signe de vie à Eddie Connolly.

Malko gagna le parking du *Mammy Yoko* sous une pluie battante. Une brutale averse avait fondu sur Freetown, queue de saison des pluies.

Au moment où il montait dans sa 505, un Noir surgit de la paillotte où s'abritaient les chauffeurs de taxi.

– Mr Connolly vous attend à la station Texaco, à Congo Town, dit-il.

Malko, soulagé d'un coup, lui donna vingt leones et se glissa au volant.

A l'entrée de Congo Town, il dut ralentir; comme chaque matin, une file de voitures s'étirait le long de la station Texaco, faisant la queue pour l'essence. Tandis qu'il la contournait, un personnage étrange surgit devant son capot et il dut freiner brutalement pour l'éviter. Un krio tout de noir vêtu, comme un croquemort, avec un col cassé, une cravate et un chapeau, malgré la chaleur étouffante. L'air égaré, le vieil homme avançait en faisant des signes de croix, le regard halluciné. Emergeant d'un attroupement au pied du mur où s'étalait en énormes lettres rouges le slogan : Go! Go! Go! Texaco.

Intrigué, Malko se gara en face des pompes vides et joua des coudes pour fendre la foule des badauds agglutinés autour de quelque chose qu'il ne pouvait encore apercevoir. Parvenu au premier rang, il s'immobilisa, tétanisé, regrettant sa curiosité.

Un cadavre était étendu sur le ciment, entièrement nu. Il reconnut Eddie Connolly à son énorme verrue sur la pommette. Ses lunettes avaient disparu et l'état de son cadavre soulevait le cœur. Deux affreuses blessures sanguinolaient de part et d'autre de sa gorge : on lui avait tranché et arraché les deux carotides, le vidant comme un lapin...

Le regard de Malko descendit jusqu'à la poitrine du mort. Une hideuse blessure laissait voir le nacré des côtes, une grande partie du sein gauche avait été découpée, comme un morceau de jambon, laissant les muscles et la graisse jaunâtre à l'air. Ce n'était pas tout : le bas-ventre n'était qu'un trou sanglant. On avait détaché le sexe et les testicules, ouvrant une plaie sanguinolente où les mouches s'agglutinaient... En regardant plus attentivement, il remarqua encore un autre détail horrible : le petit doigt de la main droite avait été sectionné, ainsi que le pouce de la main gauche...

Eddie Connolly n'avait pas été mutilé et tué sur place. Il n'y avait même pas de sang sur le ciment. Une vague d'horreur submergea Malko. Après la douce Seti, Eddie Connolly. Dans les deux cas, le meurtre avait été préparé.

Que signifiait cette mascarade sanglante? Il y avait sûrement une raison spécifique à cette boucherie. Il regarda les visages figés de terreur des Noirs autour de lui. Pas un mot... Des femmes murmuraient des incantations à voix basse. La foule avait laissé un cercle vide autour du cadavre, comme s'il en émanait des ondes néfastes. Personne ne songeait à recouvrir le corps.

Malko recula, réprimant une abominable envie de vomir. Quelques instants plus tard, une voiture bleue du CID s'arrêta derrière lui et deux policiers noirs en descendirent sans se presser.

Il s'éloigna et remonta dans sa 505. Eddie Connolly avait emporté son information dans l'autre monde. Encore sous le choc, il conduisait machinalement, se remémorant sa dernière entrevue avec le journaliste. Il revit soudain Bernice, la journaliste noire, assise à côté de lui. Peut-être pourrait-elle lui dire ce qui s'était passé. Si rien ne lui était arrivé. Pris d'une nouvelle angoisse, il accéléra, fonçant vers le building « chinois ».

— C'est de la sorcellerie, ils coupent le doigt pour être sûrs qu'il est mort, expliqua Bernice d'une voix bouleversée.

La petite journaliste ravalait ses larmes. Malko l'avait trouvée devant sa machine dans la News-Room. Ignorant encore la mort affreuse d'Eddie Connolly. Bouleversée par la nouvelle, elle avait tenu à retourner à la station Texaco, mais il n'y avait plus aucune trace du meurtre. Un fourgon de la police avait déjà enlevé le corps du journaliste. Installée avec Malko à la terrasse du *Gem*, le restaurant libanais qui appartenait à Labaki, elle donnait à présent libre cours à son chagrin. Malko attendit qu'elle se calme avant de dire :

— Je veux trouver les assassins d'Eddie, il faut m'aider. Vous l'avez vu hier?

Elle renifla.

— Oui, il est passé au bureau dans l'après-midi, vers cinq heures et demie. Il avait rendez-vous au Centre culturel iranien avec un de ses informateurs.

— Qui devait-il rencontrer? Vous le savez?

— Oui. Eddie me disait tout, fit fièrement Bernice. Il avait rendez-vous avec un ancien ministre de l'Intérieur : Festus M'Bompa.

— Pourquoi au Centre Culturel iranien?

— M'Bompa est musulman. Chiite. Il a des contacts avec les Iraniens.

— Et c'était à propos des deux Chiites?

— Oui. Eddie était très excité, il m'a dit qu'il allait toucher beaucoup d'argent.

— Et ensuite?

— Il devait aller acheter du café. Chez des Libanais dans East Street. Et puis venir me retrouver au bureau.

— Il n'est pas venu?

— Non. J'ai pensé qu'il avait été retardé, qu'il était rentré directement chez lui.

Le journaliste avait donc été tué entre le moment où il avait vu son informateur et le rendez-vous prévu avec Bernice. Seulement, on ne l'avait pas massacré en pleine rue. Il avait fallu l'enlever et le tuer ensuite dans un endroit discret.

— Et sa voiture? demanda Malko.

— Il l'avait prise.

— Elle est bien quelque part, dit Malko. J'aimerais faire un tour dans la zone où il avait rendez-vous. Nous trouverons peut-être un indice.

Ils descendirent Siaka Stevens Street pour garer la 505 au coin de East Street et partirent à pied. Le quartier était extrêmement animé, et on y imaginait mal un enlèvement; au bout de la rue en pente, on apercevait la mer.

C'est dans une impasse donnant sur Howe Street qu'ils découvrirent la Toyota d'Eddie Connolly. L'essieu arrière reposait sur deux cubes

de bois : on avait déjà volé les roues! Le véhicule
était fermé à clef.

Bernice éclata en sanglots et s'effondra sur le
capot en gémissant comme s'il s'agissait du corps
de son amant assassiné. Malko essayait de reconsti-
tuer ce qui s'était passé. Eddie Connolly avait
garé sa voiture pour partir à pied à son rendez-
vous.

Il était peu probable qu'il ait été enlevé au
Centre culturel iranien, surveillé en permanence
par le CID. Donc, l'enlèvement s'était produit
plus tard. Il redressa Bernice.

– Je voudrais voir la boutique où Eddie achetait son café.

Ils descendirent jusqu'à East Street et la journaliste le guida jusqu'à une échoppe. Une sorte de
petite épicerie minable.

Malko sentit son sang se liquéfier : c'était
devant cette boutique que s'était arrêtée la Mercedes 500 de Karim Labaki, le jour où il l'avait
rencontré par hasard devant le Centre Culturel
iranien!

Il n'eut pas le temps de retenir Bernice, inconsciente de sa découverte. Elle poussait déjà la porte
et il dut la suivre, sous peine d'éveiller les soupçons.

L'intérieur était encombré de sacs de café, de
semoule, de farine, de manioc. Des cartons s'em-
pilaient jusqu'au plafond. Il régnait une agréable
odeur de café fraîchement torréfié, effaçant les
autres senteurs. Le Libanais barbu qui officiait à
la caisse leva la tête et leur adressa un plat sourire
commercial. Bernice allait poser une Question
quand Malko la coupa à temps.

– Je voudrais une livre de café frais, fit-il.

Son regard fit taire Bernice. Le Libanais se leva
et disparut dans l'arrière-boutique. Malko examina le bric-à-brac quelques instants, puis, non-

chalamment, comme un client curieux, écarta le rideau séparant la boutique du local où on torréfiait le café. Il eut le temps d'apercevoir deux Noirs occupés à remplir des sacs de café, un jeune homme en jean, vraisemblablement libanais qui lisait perché sur un tabouret, et le patron en train de torréfier sa commande. Ce dernier leva la tête et lui adressa un sourire poli :

— J'arrive. Les clients ne sont pas autorisés ici, Sir.

Malko battit en retraite. Bernice semblait tassée sur elle-même, assise sur un sac de semoule, reniflant et se tamponnant les yeux.

Dehors la vie continuait, sous la chaleur écrasante, mais Malko ne pouvait effacer de son esprit le spectacle hideux du corps d'Eddie Connolly charcuté selon Dieu sait quelles règles de sorcellerie.

Ils ressortirent avec un paquet de café odorant. Bernice dit soudain :

— C'est curieux, il y a toujours des affiches de Khomeiny dans cette boutique. Aujourd'hui, il n'y a plus rien...

C'était le petit détail qui verrouillait la sinistre hypothèse de Malko. Il se retourna, contemplant la boutique à l'aspect banal.

— Il allait souvent acheter du café?

— Tous les lundi.

Ils regagnèrent la 505.

— Ce Festus M'Bompa, où habite-t-il? demanda Malko.

— Sur la route de Lakka, à la sortie de la ville, en face de Juba Barrack. Mais il ne dira rien.

— Cela dépend, dit Malko.

Le meurtre brutal du journaliste l'avait empli d'une fureur froide. Ses adversaires — Libanais et Chiites — se moquaient de lui ouvertement, certains de l'impunité. Ils retraversèrent Freetown,

Bernice prostrée, essuyant de temps à autre une grosse larme.

Malko l'arrêta devant le building « chinois ».

— Ceux qui ont tué Eddie ne l'emporteront pas au paradis, promit-il.

Bernice hocha tristement la tête :

— Ils sont trop forts. Ils vous tueront vous aussi. Vous devriez quitter la Sierra Leone.

Malko ne répondit pas. Il fit demi-tour, méditant ces nouvelles données. C'est dans cette boutique de East Street qu'Eddie Connolly avait sans doute été kidnappé et assassiné. Là également que s'était arrêtée la Mercedes 500 de Karim Labaki, le jour où il l'avait rencontré devant le Centre Culturel iranien.

Il accéléra, animé d'une sombre détermination.

Il était temps de passer à l'offensive.

*
**

— La prochaine fois, ce sera vous qu'on retrouvera coupé en morceaux, lança le chef de Station de la CIA.

— Les Iraniens et Labaki préparent quelque chose et ne reculent devant rien pour éliminer ou décourager tous ceux qui s'en approchent trop, répliqua Malko. Si nous abandonnons, on leur laisse la voie libre.

Jim Dexter lui adressa un regard inquiet.

— Malko, nous ne sommes pas à Chicago. Le Président a recommandé une action préventive, pas un massacre. Je suis obligé de rendre compte au DDO. En attendant, vous vous mettez en roue libre...

— C'est exactement ce que souhaitent les Iraniens, dit Malko.

— Bon, concéda l'Américain. Allons voir

Songu. On peut peut-être le décider à agir. Il aimait bien Eddie.

— Il ne fera rien, objecta Malko, mais si vous y tenez...

*
**

L'Oldsmobile de l'Américain avait du mal à se frayer un chemin dans la masse des piétons occupant la chaussée. L'immeuble de la police grouillait d'animation. Sheka Songu les reçut immédiatement. Il avait le visage grave et semblait bouleversé.

— Vous venez pour le meurtre d'Eddie Connolly, dit-il d'emblée.

— Oui, dit Malko. J'avais rendez-vous avec lui hier soir. Je pense qu'on l'a tué pour l'empêcher de me dire ce qu'il avait découvert. Et pour m'intimider.

Une lueur apeurée passa fugitivement dans les yeux du policier noir. Il s'assit derrière son bureau et alluma une cigarette, avant de dire lentement :

— Je crois que vous vous trompez... J'ai vu le corps de mon malheureux ami. Et les mutilations dont il a fait l'objet. Au cours des derniers mois, nous avons eu deux cas similaires à Freetown. Ils ont été assassinés par des gens venus de la Guinée-Bissau.

— Pourquoi? demanda Malko, sceptique.

— Ce sont des sorciers, expliqua Songu. Ils ont besoin de certaines parties du corps humain pour préparer des potions magiques qu'ils revendent ensuite très cher dans les villages.

— Mais pourquoi Eddie Connolly?

— Il était journaliste, il faisait probablement une enquête sur ces pratiques. Il a dû rencontrer ces gens qui ont pris peur. Je ferai tout pour les retrouver.

— Alors, vous ne croyez pas aux Libanais, à un meurtre télécommandé par Karim Labaki? demanda Malko.

Sachant déjà que le policier mentait. Si Connolly avait effectué une enquête dans les milieux de la sorcellerie, Bernice l'aurait su.

Sheka Songu eut un pâle sourire.

— La personne dont vous venez de citer le nom ne se livre pas à la sorcellerie.

Il semblait mal à l'aise. Le regard fuyant posé parfois sur ses photos du Pape, qui constellaient les murs du bureau.

Malko sentit qu'il ne démordrait pas de sa thèse. Jim Dexter et lui quittèrent son bureau. A peine dans l'escalier, l'Américain explosa.

— C'est un foutu menteur! Il sait très bien pourquoi Connolly a été tué. Seulement, il crève de frousse. Karim Labaki est passé par là. Ils ont liquidé Connolly de cette façon pour faire croire à un crime rituel. Sinon, le meurtre d'un journaliste risquait de faire des vagues...

Malko était lui aussi ivre de rage. Il s'installa dans l'Oldsmobile du chef de Station de la CIA qui demanda :

— Qu'allez-vous faire?

— Changer de méthodes, fit sombrement Malko qui commençait à penser que Wild Bill Hodges avait raison.

Pour dialoguer avec les Libanais, il fallait un lance-flammes.

CHAPITRE X

— C'est ici, annonça Wild Bill Hodges.

La maison de Festus M'Bompa ne payait pas de mine. De la tôle ondulée, du pisé, de l'argile pisseux, des poulets qui picoraient autour d'une Mercedes flambant neuf, signe de prospérité. Les deux hommes émergèrent de la 505. Bill Hodges avait son visage des mauvais jours, les taches rouges de son visage ressortant encore plus.

Une porte ouvrait sur une cuisine d'une saleté repoussante, encombrée de vaisselle sale. Hodges tapota la tête d'un petit Noir en train de faire mollement le ménage.

— Où le chef M'Bompa?

— Il dort, patron.

— Va le réveiller. On l'attend dans le living-room.

Ils pénétrèrent dans une grande pièce au désordre épouvantable. Ils s'installèrent dans de vieux canapés et Wild Bill rafla une bouteille de J & B pour s'en verser une généreuse rasade.

— Vous le connaissez? demanda Malko.

— On a fait deux ou trois affaires ensemble... fit évasivement l'Irlandais. C'est un des plus pourris.

Ils attendirent dix minutes avant qu'un être pachydermique pénètre dans la pièce. Un Noir énorme dont les yeux disparaissaient sous des bourrelets de graisse, avec une barbiche grise, des cuisses comme des jambons... Il avait une tenue Mao presque de la même couleur que sa peau, ce qui lui donnait l'air d'être nu.

Il adressa un sourire radieux à l'Irlandais.

— On a fait la fête hier soir! expliqua-t-il. C'est un peu le désordre. Comment va la famille?

— Ça va, fit l'Irlandais.

Pendant quelques minutes, ils échangèrent des banalités à l'africaine, puis M'Bompa se servit une bonne rasade de J & B et sembla s'assoupir dans son fauteuil aux ressorts écrasés. Bill Hodges le houspilla aussitôt.

— Hier, tu as vu un de mes amis, fit-il. Eddie Connolly.

Festus M'Bompa leva fugitivement une lourde paupière de saurien.

— Eddie? Non.

Bill Hodges ne se troubla pas. Se penchant, il prit dans sa sacoche un vieux P. 08 Mauser, au canon long comme la Tour Eiffel, dont il arma le chien avec un claquement sec. Il posa l'arme sur ses genoux, le canon tourné vers son hôte.

— Festus, fit-il, tu me connais. Je suis sérieux quand je parle business. Or, ça, c'est du business. Ne me dis pas que tu n'as pas peur. Parce que tu as peur. Je suis prêt à truffer ta grosse panse de tout le chargeur de ce machin.

Festus M'Bompa, totalement réveillé, se redressa et dit d'une voix aiguë, comme celle des Noirs quand ils sont sous le coup d'une émotion violente :

— Bill, je suis ton ami, tu sais bien.

— Je sais, Festus, alors je te repose ma question.

Silence de mort.

Le Noir semblait être retombé dans sa torpeur.

La détonation fit sursauter Malko. En dépit de son poids, Festus M'Bompa avait bondi hors de son fauteuil. Sans se déplacer, Bill Hodges avait tiré une balle dans le mur, qui n'avait pas dû passer vraiment loin de sa tête...

L'ancien ministre retomba sur son siège et glapit :

— Bill, tu es fou. Oui, je l'ai vu ton copain. Et alors? Ce sont mes affaires.

— Festus, fit calmement Bill Hodges. Eddie Connolly est mort. Salement. Et je voudrais savoir qui l'a tué.

— Il est mort?

— Oui.

L'Irlandais lui expliqua avec des détails précis ce qu'on avait trouvé à la station Texaco. Festus M'Bompa avait viré au gris.

— Mais je n'y suis pour rien, Bill, je te jure.

Le petit Noir qui avait passé la tête, affolé par le coup de feu, disparut, rassuré de voir ces gentlemen bavarder paisiblement...

— Et tu le voyais pour quoi, Eddie? continua l'Irlandais.

Cette fois, la réponse vint plus vite. Il faut dire que le canon du P. 08 était braqué directement sur l'estomac de l'ancien ministre. Celui-ci but encore une rasade de J & B avant de répondre d'une voix étranglée :

— Il voulait savoir quelque chose.

— Quoi?

Cela avait claqué comme une balle de pistolet. M'Bompa roula des yeux blancs avant de soupirer :

— Quelque chose que je n'ai pas pu lui dire...

Il lut une telle menace dans les yeux de l'Irlandais qu'il se hâta d'ajouter :

— Ce n'est pas grand-chose. Tu sais, quand on quitte le pays, il faut donner un certificat attestant

qu'on a payé ses impôts. C'est très long à obtenir
et il faut backchicher...

— Or, toi, tu as gardé des amis à l'Immigration
Office, remarqua l'Irlandais. Alors, que voulait-il
savoir, Eddie?

L'ancien ministre de l'Intérieur remua dans son
fauteuil, mal à l'aise.

— Il m'a parlé de deux hommes qui voulaient
quitter le pays avec des faux papiers. Ils avaient
déjà les passeports; mais il leur manquait les
certificats. Quelqu'un lui avait dit que je devais les
leur procurer.

— Et c'était vrai?

— Oui.

— Pourquoi?

— Sur les certificats, il y a le nom du bénéfi-
ciaire et le numéro de son passeport.

Malko était obligé de tendre l'oreille tant le
Noir parlait d'une voix étouffée. Il touchait au
but.

— Eh bien, fit Bill Hodges, bonhomme, tu vas
nous donner ces noms et nous serons quittes.
Puisque Eddie n'est plus là pour nous renseigner.

Festus M'Bompa se tassa encore un peu plus.

— Je n'avais pas pu lui donner satisfaction,
murmura-t-il. Celui qui me les avait demandé
avait exigé que les noms restent en blanc. Bien
sûr, cela avait coûté un peu plus cher.

Ses yeux allaient de Bill à Malko, comme pour
s'assurer qu'ils le croyaient. Toute l'excitation de
Malko tomba d'un coup. Une fois de plus, il se
heurtait à un mur.

Un ange passa. Le pauvre Eddie Connolly était
mort pour rien... Mais il était sur la bonne piste.
Bill Hodges se pencha vers la table et but à son
tour un peu de whisky. Malko observait la scène,
fasciné. Tout le mécanisme de l'opération se met-

tait en place sous ses yeux. L'Irlandais reposa la bouteille de J & B et dit d'une voix trop douce :

– La dernière question, Festus. C'était pour qui, ces certificats ?

L'ancien ministre se recroquevilla, les mains sur son ventre, comme pour se protéger de la balle qui allait jaillir du P. 08. Il secoua la tête, marmonnant pour lui tout seul et dit finalement d'une voix suppliante, brisée, pitoyable :

– Bill, ne me demande pas, je t'en prie.

– C'était Labaki, fit Malko. Karim Labaki.

Le Noir tourna brusquement la tête vers lui, une lueur terrifiée dans ses gros yeux. De la sueur coulait sur son front. Il semblait souffrir physiquement. Il avala sa salive, émit une sorte de gémissement et croassa :

– Je ne vous ai rien dit, je ne vous ai rien dit. Partez maintenant.

Il faisait pitié. Bill Hodges se leva, remettant son pistolet dans sa sacoche. Le Noir s'arracha à son fauteuil. Ses jambes énormes semblaient avoir du mal à le soutenir.

– Une toute dernière question, fit l'Irlandais. Quand tu as quitté Eddie, où allait-il ?

M'Bompa balbutia.

– Il m'a dit qu'il allait acheter du café.

– Il est parti à pied ?

– Oui.

Ils sortirent, laissant l'ancien ministre décomposé. Assis dans la 505, ils firent le point.

– C'est clair, fit Malko. On a besoin de ces certificats seulement si on a un passeport sierraleonais ou si on est résident. Labaki a dû se procurer deux passeports pour les deux terroristes et il lui fallait les papiers qui allaient avec. Pour qu'ils se fassent passer pour des Libanais résidant ici. Ce n'est pas seulement pour sortir de Sierra Leone. Ils avaient besoin d'une nouvelle identité pour ce qu'ils vont tenter. Ce qui est important maintenant, c'est de savoir où ils vont aller.

Machinalement, il avait repris la direction du centre. Bill Hodges bâilla à se décrocher la mâchoire.

– Vous avez fichtrement raison. Mais pour l'instant j'ai faim. Si on allait manger des mezzés au *Gem?*

– C'est une bonne idée, dit Malko.

Il broyait du noir. Au point mort, une fois de plus. Il avait, certes, découvert où se cachaient les deux Chiites manipulés par les Iraniens, savait qu'ils se préparaient à quitter la Sierra Leone, mais c'était tout. Aucune indication sur leur nouvelle identité, leur destination et leur objectif.

A peine sortis de la voiture dans Rawdon Street, ils furent assaillis par une horde de gamins et de fillettes, des cuvettes en équilibre sur la tête, pleines de patates douces, de poissons, de fruits, de cigarettes...

Une splendide Noire passa près d'eux en balançant des hanches de reine, trois dorades calées sur ses nattes.

L'intérieur du *Gem* était délicieusement frais et sombre. Peu de gens. Ils prirent place sous un tableau représentant Baalbeck au temps heureux où il n'y avait pas d'Iraniens. Les murs disparaissaient sous les représentations d'un Liban qui n'existait plus depuis longtemps.

Pathétique.

Le patron, un gros Libanais chiite et onctueux, vint les saluer avec respect et houspilla le boy pour qu'ils aient leur Star rapidement. Bill Hodges se pencha vers Malko.

– Labaki possède toutes les boutiques de cette rue...

A côté d'eux, quatre Noirs cravatés, en veston, s'empiffraient gravement de mézés. Au bar, un blond, les cheveux serrés en catogan, déprimait devant un verre vide. Bill but sa bière d'un coup et dit à voix basse :

— C'est ici que tout se passe. Les trafics, les dénonciations, les faux papiers, le marché noir. Si vous voulez des leones, c'est ici, pas à la *Barclays*.

La caissière était en train de trier des monceaux de billets crasseux qu'elle réunissait en liasses énormes ficelées avec des élastiques. Chaque petite brique ne valant que cent cinquante francs au meilleur cours... Malko allait attaquer ses mézés lorsqu'un nouveau venu écarta la porte battante. Il eut un choc au cœur. C'était le Noir armé qui l'avait suivi une fois... Il passa près de leur table et alla s'installer dans une encoignure au fond de la salle. Malko se pencha vers Bill Hodges :

— Vous le connaissez?

— Sûr! fit l'Irlandais, c'est un flic du CID. Spécialiste de l'escorte des marchands de diamants. Il émarge aussi au budget de Labaki. Il est très fier parce qu'il a suivi les cours de tir du FBI. Il est toujours armé d'un 347 Magnum. Mais je le prendrais même les yeux bandés...

— Il m'a suivi.

— Pour Labaki, sûrement.

L'homme au catogan glissa de son tabouret, échangea quelques mots à voix basse avec le patron qui, visiblement, lui refusa quelque chose. Bill Hodges ricana.

— Vous voyez ce type? C'est un Italien, il vient d'être viré du casino *Bitumani*. Il n'a plus un rond, mais une femme superbe. Le patron veut la lui acheter. Alors, il fait monter les enchères.

L'Italien sortit. Bill Hodges acheva son *chawerma* et leva ses yeux plissés vers Malko.

— Qu'est-ce qu'on va faire?

Bonne question. Malko avait l'impression de se

heurter à un mur de coton sanglant. Eddie Connolly disparu, il ne lui restait que Bill Hodges et Rugi. L'Irlandais ne pouvait guère servir que pour une action ponctuelle et violente. Quant à Rugi, il avait beau se creuser la tête, il ne savait pas quoi tirer d'elle.

La mission de Malko était de mettre préventivement hors d'état de nuire un commando chiite libanais. A moins de prendre d'assaut la maison de Karim Labaki, il ne voyait pas comment. Pas question de compter sur les autorités officielles. La réaction de Sheka Songu avait été significative. Même si le gouvernement de Sierra Leone n'aimait pas les Iraniens, il les couvrait pour des raisons qui n'avaient rien à voir avec la politique.

— Je dois réfléchir, avoua-t-il à Bill Hodges.

L'Irlandais soupira en se curant les dents.

— *Retaliate* (1)! conseilla-t-il. Payez-vous un Iranien ou un Libanais. Pour leur faire comprendre qu'on parle business.

— Cela n'avancera à rien, dit Malko. Mon but est d'éliminer ces deux terroristes, pas de déclarer la guerre aux Chiites.

— Alors, faisons-nous Labaki et ses zozos, proposa Hodges. J'ai le matériel qu'il faut.

— Il a déjà peut-être évacué ces deux Chiites, objecta Malko. Il faut trouver une solution plus sophistiquée.

Bill Hodges eut une grimace méprisante qui abaissa les coins de sa bouche, signifiant que la sophistication n'était pas sa tasse de thé.

— Je prendrai une décision d'ici ce soir, promit Malko.

Ils terminèrent par un café turc infect et replongèrent dans la fournaise. Malko, obsédé par

---

(1) Vengez-vous.

les Iraniens, voulut aller devant leur centre culturel. Sans idée précise. En remontant Howes Street,
il aperçut, garée devant le Centre Culturel, une
Mercedes avec une plaque bleue diplomatique IR.
Le chauffeur tenait la portière ouverte.

Au moment où la 505 de Malko passait devant,
un homme en costume gris, sans cravate, mal
rasé, émergea du Centre Culturel, escorté par
plusieurs Noirs lui exprimant la plus grande servi-
lité. Un petit Noir gros comme un tonneau lui
baisa la main lorsqu'il entra dans la Mercedes.

— Tiens, c'est Hussein Forugi, le patron du
Centre Culturel, remarqua l'Irlandais.

Le regard de l'Iranien croisa celui de Malko au
moment où il remontait dans sa voiture et s'y
attarda une seconde. L'avait-il reconnu? La Mercedes démarra, se frayant un chemin à grands
coups de klaxon, faisant s'envoler les vautours...
Malko tourna dans Garrisson Street, plongé dans
ses pensées. La vue de l'Iranien avait déclenché
l'amorce de l'amorce d'une idée dans sa tête. Wild
Bill Hodges fixa sa montre avec ostentation.

— Faut que je retourne à Lakka. Je ne veux pas
laisser Yassira seule trop longtemps, dit-il. Avec
ces enfoirés de Libanais...

Malko déposa l'Irlandais au *Mammy Yoko* où
il avait laissé sa Range et repartit aussitôt. Direction le village de l'OUA.

Cette fois, une blonde charnue tenait la caisse,
vêtue d'une mini à damner tous les Libanais et
d'un haut transparent. Le supermarché était vide.
Malko se pencha vers elle :

— Wael est là?

— Au fond. Vous venez livrer le container?

— C'est ça, fit Malko.

Il traversa le magasin et frappa à la porte du petit bureau. Wael Afner, vêtu de la même combinaison, déplia sa grande taille, les yeux pétillants de joie. Un gros brun musculeux s'esquiva sans un mot.

— Mon opérateur radio, commenta l'Israélien. Un as. Il passe sa vie à écouter les Libanais. Il parle mieux l'arabe que l'hébreu... (Son sourire s'accentua.) J'ai appris par la rumeur publique que tout ne va pas au mieux pour vous. Je vous avais prévenu.

— Qui vous l'a dit?

— La radio, dit Wael Afner. Les Libanais parlent beaucoup... Et notre ami Labaki n'agit pas seul.

— Vous avez appris autre chose?

L'homme du Mossad grignota un morceau de saucisson kascher.

— Oui, vos deux types sont sur le point de partir. L'ordre est venu de Téhéran. Il s'est passé quelque chose dimanche qui conditionnait leur opération. Une action menée par un des hommes de Karim Labaki. Son nom de code est King-Kong.

Cela pouvait s'appliquer à Eya Karemba...

— Vous n'avez pas plus de détails? demanda Malko.

L'Israélien secoua la tête.

— Non, ces types ne sont pas des fous. Ils parlent par allusions. C'est plus difficile à déchiffrer qu'un code. Il n'y a pas de repères. Ils ont beaucoup bavardé avec un Iranien qui a comme code Alpha 4 H1 à Beyrouth sud. Ils sont très excités à propos de cette opération. Ils disent que les USA vont pleurer des larmes de sang, qu'ils seront vengés de leurs affronts du golfe Persique. Bien sûr, il faut faire la part de la rhétorique, mais quand même, c'est inquiétant.

– Que dit-on chez vous?

Wael Afner haussa les épaules.

– Pas vraiment concernés. Je fais cela pour vous rendre service. Mon job, ici, c'est de m'implanter et de contrer l'influence chiite. Pas de jouer aux petits soldats. Les tanks et les Uzi, j'en ai ma claque. Mais si vous ne vous activez pas, cela risque de vous péter à la gueule.

Le gros brun passa la tête par l'entrebâillement de la porte et lança une phrase en hébreu.

Wael Afner déplia sa haute taille et serra la main de Malko.

– Désolé, on a du boulot. *Take care*. Et si vous voulez de la bonne charcuterie non kascher, venez par ici.

Malko reprit la 505, perplexe. Qu'avait pu faire Eya Karemba le dimanche précédent? Qui allait le renseigner? Et surtout, comment arrêter la machine infernale?

Jim Dexter faisait tourner un crayon pensivement entre ses doigts. La clim' de nouveau en panne, il régnait une chaleur intenable dans son bureau.

– J'envoie un message urgent « eyes only » au DDO, dit-il. Avant de prendre des mesures drastiques de représailles sur ce territoire, je veux m'assurer que cela entre dans le cadre prévu par le « finding » du Président. Je vais aussi checker la crédibilité de votre informateur du Mossad. Nous avons eu parfois de mauvaises surprises avec eux...

Malko avait décidé de lui révéler sa source secrète. L'heure n'était plus aux cachotteries. Mais, comme toujours, la bureaucratie avait son mot à dire.

— Quand aurez-vous une réponse? demanda-t-il.

L'Américain consulta sa montre.

— Si les télex passent bien, et si le DDO est là, on saura avant ce soir.

— Autre question, dit Malko. Est-il possible de savoir ce qu'a fait Eya Karemba, dimanche?

Jim Dexter leva les yeux au ciel.

— A moins de le lui demander...

— Et Songu?

— Il ne sait pas toujours ce que font ses hommes. Mais je peux essayer. Retrouvons-nous ici, tout à l'heure.

Malko replongea dans la fournaise, sans plaisir. Il avait trois heures à perdre dans cette ville puante et humide. Aussi décida-t-il de retourner au *Mammy Yoko*.

*
**

Un Libanais huileux comptait ostensiblement des liasses de leones en jetant des coups d'œil sournois à une serveuse sculpturale qui l'observait avec dignité. La liasse qu'il avait en main représentait six mois de son salaire. Malko n'arrivait pas à se détendre. Dans sa sacoche se trouvait le Colt 45, une balle dans le canon, sans même le cran de sûreté. Il s'était mis face à la porte donnant dans le lobby de l'hôtel... Trois ou quatre femmes en maillot s'ébattaient sur le ciment déguisé en gazon qui entourait la piscine.

Le grondement d'un hélicoptère lui fit lever la tête. Un des appareils se posait derrière l'hôtel. Lui rappelant à quel point il était facile de sortir de Sierra Leone : la compagnie appartenait à Labaki. Il replongea dans ses pensées. Echafaudant un plan basé sur un certain nombre de « si », mais il n'avait guère le choix.

Il allait se lever pour repartir quand une somptueuse silhouette apparut à l'entrée de la piscine.

Rugi.

Celle qu'il voulait justement joindre!

La jeune Noire arborait une robe hyper courte en jersey blanc qui moulait ses formes de façon ultra provocante. Le regard dissimulé derrière des lunettes noires faisait très star. Le Libanais faillit en avaler ses billets. Rugi se dirigea vers Malko d'une démarche pleine de sensualité.

— Malko! Comment ça va?

Elle s'assit sur le rebord de la chaise-longue, découvrant ses cuisses café au lait, le regard humide. Le jersey dessinait deux seins aigus aux larges pointes qui semblaient défier Malko.

— Bien, dit-il. Je voulais vous voir. Et vous?

Elle sourit.

— Je m'occupe d'un ballet folklorique, ce n'est pas très amusant. Et ensuite, je retournerai en Europe. La vie en Sierra Leone est vraiment trop difficile. Est-ce que vous avez revu Bambé?

— Non.

— Vous lui plaisez beaucoup, dit-elle. Elle me l'a dit. C'est une gentille fille. Avec un dîner et un gara, vous vous l'attachez.

— J'aimerais mieux *vous* attacher, fit Malko, la regardant droit dans les yeux.

— Cela vous coûterait plus qu'un gara.

Le ton était un peu agressif, mais les yeux et la bouche souriaient. Malko sauta sur l'occasion.

— En attendant le gara, voulez-vous dîner avec moi? J'ai une idée dont je voudrais vous parler.

Elle fit semblant d'hésiter puis lança :

— Oui, mais je n'aurai pas le temps de me changer. J'habite à Kissy, à l'autre bout de la ville et je n'ai pas d'essence.

— Vous êtes superbe comme ça.

— Bien! dit-elle, je vais aller me donner un coup

de peigne chez le coiffeur. Pour être présentable.
Je vous retrouve ici, vers neuf heures...

— OK, si vous êtes en retard, prévenez-moi.

— Je serai là !

Le Libanais manqua avaler ses lunettes en
suivant le balancement de ses hanches, avant de
jeter un regard de haine à Malko. Celui-ci se leva.
Cette rencontre lui avait remonté le moral. Il ne
restait plus qu'à recueillir la réponse de Langley.

Jim Dexter referma avec soin la porte de son
bureau. Il avait un papier à la main qu'il posa
avant de se tourner vers Malko.

— C'est OK, dit-il d'une voix un peu solennelle.
Vous avez le feu vert pour liquider ces salauds.
Même s'il doit y avoir de la casse politique.

CHAPITRE XI

– L'ordre vient du Président lui-même, souligna le chef de Station. Il a signé un nouveau « finding ». Il semble que les interceptions radio transmises par le Mossad aient joué un grand rôle dans sa décision. Et le DDO a plaidé la cause de l'intervention. On ne peut pas se laisser allumer comme des *sitting-ducks* (1).

Malko regarda le télégramme juste déchiffré qui, en tant que chef d'une mission clandestine, lui donnait des pouvoirs extrêmement étendus. Jim Dexter lui jeta un regard incisif.

– Vous avez une idée de ce que vous allez faire?

– Je crois, dit Malko. Mais ça risque de faire des vagues...

L'Américain eut un geste fataliste.

– Le Président y a bien pensé en signant son « finding ». En cas de coup dur, ce ne sera pas un très gros problème de vous exfiltrer. Surtout avec Wild Bill.

L'Américain regarda par la fenêtre à travers laquelle on distinguait le toit plat de l'ambassade d'URSS, avec son antenne cerceau, où une Soviétique faisait du jogging.

(1) Littéralement, canards assis.

– Avez-vous pu apprendre quelque chose sur l'emploi du temps d'Eya Karemba, dimanche?

– Oui. Coup de pot. Dimanche, Karemba travaillait pour le CID. Il était de permanence à Longi Airport. Il est resté là toute la journée.

Donc, il n'était pas avec Karim Labaki. Malko essaya de deviner ce que le policier noir avait pu faire à l'aéroport.

– Il y a eu des vols internationaux, ce jour-là? demanda-t-il.

– Oui, une arrivée, un D.C. 10, en provenance de Paris. L'appareil est reparti sur l'Europe. Comme toutes les semaines.

– Vous pouvez avoir la liste des passagers embarqués et débarqués?

– Oui, je pense.

– C'est tout?

– Oui. Peut-être un vol des Ghana Airlines s'il s'est posé. Ils sont très capricieux.

– Et les vols intérieurs sierra-leonais?

L'Américain eut un sourire ironique.

– Il n'y en a plus. Les Sierra Leone Airlines n'avaient qu'un seul avion prêté par ALIA. Comme ils n'ont jamais rien payé, les Jordaniens ont repris l'avion. Depuis, si vous avez à vous rendre en brousse, il reste les poda-poda et les pirogues. Il n'y a aucun avion privé en Sierra Leone.

– Et les hélicos?

– Les trois qui font la navette Lungi-Freetown. Plus les deux du président, mais un est accidenté.

Malko se leva. Jim Dexter lui expédia un coup d'œil, quand même inquiet.

– Vous me tenez au courant. Que j'aie le temps de me mettre à l'abri d'une réaction brutale des Libanais...

– Pour l'instant, je me renseigne, dit Malko.

Combien est-ce que je peux offrir à Bill Hodges?

– Le moins possible, fit Dexter, toujours aussi économe. Il est gourmand. Parlez-moi un peu de votre plan.

– Pas encore, dit Malko. J'en saurai plus ce soir. D'ici là, vous vérifiez les listes de passagers.

– OK. Bonne chance, et bonne guerre, fit le chef de Station avec un sourire un peu crispé.

Les gardes esquissèrent un garde-à-vous approximatif devant la Mercedes 500 de Karim Labaki sortant de la résidence du président Joseph Momoh. Enfoncé dans ses coussins le Libanais ne les vit même pas. La rage l'étouffait. Depuis qu'il était en Sierra Leone, c'était la première fois qu'il s'était fait traiter comme un petit garçon. Le Président était furieux.

Il avait arpenté son bureau en marmonnant des menaces à l'égard de Labaki et des Iraniens en général. Tremblant de fureur. Tout cela pour un petit journaliste de merde... Seulement le Libanais ignorait que Joseph Momoh appartenait à la même société secrète qu'Eddie Connolly. L'assassinat de ce dernier l'avait profondément choqué.

Le chauffeur se retourna :

– On va à la maison?

– Non, fit Karim Labaki. A Murray Town. A l'ambassade d'Iran.

Ses amis iraniens commençaient à lui casser les pieds. En plus, l'ambassadeur venait d'annoncer au Président que la nouvelle livraison de pétrole aurait beaucoup de retard. Or, Labaki l'avait déjà revendu, ce pétrole, avec dix dollars de profit par baril, pour racheter du brut nigérien. Et il était obligé de livrer... Plaisanterie qui risquait de lui coûter une dizaine de millions de dollars.

La sentinelle ouvrit respectueusement la grille devant la Mercedes aux vitres noires. Le Libanais était un des rares à pouvoir être reçu par l'ambassadeur d'Iran sans rendez-vous.

Karim Labaki grimpa le perron, fila directement au premier étage, poussa la porte du directeur du Centre Culturel. Hussein Forugi était en train de se faire les ongles. Il posa sa lime et se leva avec un sourire servile.

— *Haroye doctor Labaki* (1)! Quelle bonne surprise.

— Faudrait arrêter vos conneries, gronda le Libanais en se laissant tomber dans un fauteuil.

L'Iranien ne se départit pas de son sourire huileux.

— Voulez-vous un *tchai* (2)?

— Non, fit le Libanais, je veux mon pétrole.

— Il va venir... Il est en route, affirma l'Iranien.

— Quand?

Forugi eut un geste d'impuissance.

— Nous sommes en guerre avec un ennemi impitoyable, *Haroye doctor Labaki*. Les pétroliers ont souvent du retard.

— Cela fait deux mois qu'il devrait être là, jeta le Libanais... J'en ai ras le bol. En plus l'histoire du journaliste fait des vagues. Le Président m'en a parlé.

Hussein Forugi ouvrit les mains en un geste plein d'innocence.

— Mais c'est un de vos hommes qui s'est chargé de cette action...

Labaki faillit écraser le bureau. Le visage convulsé de fureur, il hurla :

(1) Monsieur le docteur Labaki.
(2) Thé.

– C'est vous qui m'avez demandé de liquider ce putain de nègre! Parce qu'il commençait à devenir dangereux.

L'Iranien battit en retraite.

– Oui, bien sûr, mais c'était dans l'intérêt de la Révolution Islamique. L'Imam vous en sera grandement reconnaissant.

– Je veux mon pétrole.

– Je vais tout de suite câbler à Téhéran, affirma Forugi.

Un peu calmé, Karil Labaki lui jeta un regard incisif.

– Vous connaissez une fille qui s'appelle Bambé?

Le teint déjà pâle de l'Iranien devint carrément livide. C'est d'une voix étranglée et mal assurée qu'il répondit :

– Oui. C'est... c'était une employée de la Résidence. Elle a été congédiée. Elle volait. Pourquoi?

– Pour rien, fit le Libanais.

Certain que Forugi mentait. Ses informateurs lui avaient rapporté une rencontre qui ne lui plaisait pas du tout. Afin de verrouiller cette affaire, il allait être obligé de consentir encore un petit effort... Il se força à sourire.

– Cette fille avait de mauvaises fréquentations, expliqua-t-il, d'un ton rassurant. Du moment que vous l'avez virée, c'est OK.

Hussein Forugi fut soulagé de cette réponse. Il trempa avec volupté ses lèvres dans son thé brûlant et très sucré, le sixième de la journée, ignorant superbement la tyrannie de la sucrette chimique. Labaki ressassait ses sombres projets. Les Iraniens s'étaient arrangés pour que tout le sale boulot soit fait par ses hommes à lui... S'il y avait un problème, c'est lui qui porterait le chapeau.

Quelques meurtres ne le troublaient pas. Mais la colère du Président Momoh lui avait fait peur. Dès qu'il s'agissait de voler, les Sierra Leonais, plutôt nonchalants, devenaient d'une intelligence diabolique... C'était tentant de lui coller sur le dos une sale histoire pour le déposséder de ses biens. Ses informateurs lui répétaient sans cesse que les Américains et les Saoudiens faisaient une pression énorme sur le Président pour qu'il se débarrasse des Iraniens et de ceux qui les protégeaient.

Hussein Forugi le raccompagna jusqu'à sa Mercedes avec les plus grandes marques de respect.

Rugi avait menti : elle était allée se changer. Un pantalon de soie blanche fluo moulait sa croupe callipyge et le léger pull de soie de même couleur collait à ses seins comme s'il avait été peint dessus. Une grosse ceinture soulignait la taille mince. Maquillée comme la Reine de Saba, elle pouvait rivaliser avec n'importe quelle cover-girl de New York, ou de Paris. Elle enveloppa d'un regard approbateur la chemise de voile et le pantalon d'alpaga noir de Malko. Ses yeux dorés semblaient la fasciner.

Elle le précéda au bar. Le balancement de ses hanches aurait fait bander un mort. Malko en avait la bouche sèche. Et une furieuse envie de la culbuter sur place.

— Un Cointreau, commanda-t-elle.

Le bar était presque vide, à part un bruyant équipage de la TAT arrivé de Guinée. Guignant la silhouette fluorescente de la jeune Africaine.

— Vous avez passé trois heures à vous maquiller... remarqua-t-il.

Elle fondit de joie.

– Pas du tout, je me suis juste donné un coup de crayon.

Rejetée en arrière, elle provoquait ouvertement Malko. Il avait scrupule à briser cette magie, mais, hélas, il ne se trouvait pas en Sierra Leone pour réaliser ses fantasmes.

– J'ai besoin de vous, annonça-t-il.

– Pour quoi faire? interrogea Rugi, mi-figue, mi-raisin.

– Je voudrais revoir Bambé, avec vous.

Une lueur de furie brilla fugitivement dans les yeux de biche. C'est d'un ton glacial que Rugi lança :

– Pourquoi avez-vous besoin de moi? Vous êtes assez grand...

Il posa la main sur les longs doigts terminés par des ongles vermillon.

– Rugi, il s'agit du business. Je veux lui demander un service. Si j'y vais tout seul, elle aura peur. Vous pouvez la convaincre. Je suis prêt à lui donner de l'argent...

– La convaincre de quoi? demanda-t-elle, encore méfiante.

Malko lui expliqua son intention et elle l'écouta, plutôt sceptique.

– C'est bien compliqué! conclut-elle. Elle ne va pas vouloir.

– On peut toujours essayer.

Elle ne répondit pas. Certainement décontenancée et furieuse. Regrettant visiblement de s'être parée pour le sacrifice. Il l'avait bien eue.

– OK, finit-elle par dire. Allons-y.

De nuit, les ruelles de Murray Town étaient encore plus sinistres que de jour. Une brusque averse les avait transformées en bourbier où zigzaguaient des piétons résignés, essayant de ne pas se faire écraser par les poda-poda lancés à toute allure. Rugi guidait Malko dans ce dédale obscur,

encore boudeuse. Celui-ci était tendu et silencieux.
Priant intérieurement pour que Bambé accepte sa
proposition. Il arriva enfin devant le portail donnant sur le jardin en friche où se trouvait la
maison de l'ex-standardiste.

A peine furent-ils hors de la voiture qu'une
meute de chats errants s'éparpilla avec des miaulements effrayés... Il fallut tambouriner sur la
porte de longues minutes pour que le battant
s'entrouvre enfin.

Bambé, enroulée dans un gara, nu-pieds,
accueillit Malko d'un sourire radieux qui s'effaça
en partie lorsqu'elle aperçut Rugi derrière lui.
Rugi lui adressa une longue phrase en créole, et
elle les fit entrer dans une petite chambre en
désordre.

Pas d'électricité. Une bougie éclairait mal les
recoins. Bambé s'assit en tailleur sur le lit.

La présence de Rugi la mettait apparemment
mal à l'aise. Elle ne cessait de lui lancer des
regards interrogateurs. Rugi passa un bras autour
de ses épaules et lui parla doucement. Les deux
femmes semblaient plus qu'intimes et Malko se
souvint qu'il y avait beaucoup de lesbiennes en
Afrique. C'était peut-être cela le lien des sociétés
secrètes...

Bambé finit par éclater de rire avec un regard
en coin pour Malko et chuchota quelques mots à
l'oreille de Rugi.

— Elle pensait que vous viendriez la voir, tra-
duisit celle-ci. Elle a attendu tous les soirs.

— A-t-elle eu des nouvelles de Hussein Forugi ?

— Oui, il lui a envoyé des messagers à plusieurs
reprises pour lui demander de revenir à la Résidence.

Malko eut l'impression de respirer une grande
bouffée d'oxygène. Première hypothèse vérifiée.

— Qu'a-t-elle dit?

— Elle ne veut pas.

— C'est tout?

— Non, il lui semble avoir vu sa voiture rôder par ici un soir, mais elle n'est pas sûre. Toutes les Mercedes se ressemblent...

Malko dissimulait sa satisfaction. Hussein Forugi devait avoir du mal à se priver de son jouet sexuel. Dans sa position, il ne pouvait pas aller courir les putes...

Malko sortit une liasse de dollars, en compta cinq cents et les posa sur le lit. Bambé ne broncha pas. Pour elle, c'était abstrait. Malko insista.

— Il y en a pour vingt mille leones.

L'œil de Bambé brilla enfin. Ça, c'était du concret. Son cerveau se mit au travail, rêvant déjà du petit commerce qu'elle pourrait s'offrir. Un stand de vente de cigarettes pour commencer. Son corps s'alanguit à cette vision paradisiaque et son regard humide se posa sur Malko. S'ils avaient été seuls elle lui aurait probablement donné sur-le-champ ce qu'elle refusait au conseiller culturel iranien.

— Qu'est-ce qu'il faut faire? demanda-t-elle.

— Vous avez un moyen de joindre Forugi? interrogea-t-il. Discrètement. Pas par téléphone.

— Oui, dit-elle. J'ai un cousin qui est le frère d'un gardien de la résidence.

C'est-à-dire qu'ils étaient tous du même village.

— Il peut porter un message à Hussein Forugi, de votre part?

De nouveau, la frayeur revint dans les yeux de Bambé.

— Qu'est-que je lui dis?

— De venir vous voir. Demain, dès qu'il fera nuit.

La Noire prit une expression butée.

— Mais je ne veux pas. Il va...

— Il ne fera rien, promit Malko, je serai là, avec un autre ami. Vous ne craignez rien...

Bambé échangea un regard avec Rugi. C'était le moment critique.

— Accepte, conseilla Rugi. Après tu iras dans ton village quelques jours. Je t'emmènerai.

C'est ce que Malko avait prévu : la mettre sous la protection de Wild Bill Hodges le temps qu'il faudrait. Le sort d'Eddie Connolly était là pour rappeler les dangers d'une collaboration avec lui. Bambé semblait très intriguée par ce mic-mac auquel elle ne comprenait rien.

— Mais qu'est-ce que vous voulez lui faire? demanda-t-elle.

— Lui parler, fit Malko.

— Vous ne pouvez pas aller à la Résidence?

Rugi intervint.

— Non. Forugi ne le recevra pas. Il a peur qu'il lui jette un sort. Il faut le voir par surprise.

— Ah bon, fit la jeune Noire.

Rassurée par cette précision. On était en pays de connaissance... Elle regarda les billets, puis Rugi, enfin Malko et laissa tomber d'une voix timide :

— Je ne sais pas écrire.

Problème non prévu.

— Je vais te faire le mot, proposa aussitôt Rugi.

Malko la regarda rédiger son piège. Les dés étaient jetés. Le premier acte de sa contre-offensive, destinée à contrer l'opération iranienne.

CHAPITRE XII

— On danse?

Rugi ne tenait plus en place. Les énormes haut-parleurs crachaient du Kassav qui balançait vraiment et la jeune Africaine ondulait au fond de son fauteuil comme un cobra heureux, le regard allumé. Malko la précéda sur l'immense piste vide du *Moonraker,* la disco du casino *Bitumani,* qui l'avait surpris par son luxe. On ne se serait pas cru dans l'un des pays les plus pauvres du monde, mais plutôt en Europe, avec une décoration 1930, des sièges moelleux, des éclairages sophistiqués et un disk-jockey qui dansait sur place dans son podium dominant l'ensemble.

A peine sur la piste, Rugi se frotta sans pudeur contre Malko, avec une telle maestria qu'elle lui imposa son rythme. Ses hanches rondes semblaient montées sur roulements à billes. Les rares clients de la disco se mirent à moudre de mauvaises pensées, fascinés par cette croupe qui se balançait à quelques mètres d'eux, provocante et somptueuse.

Malko ne tarda pas à ressentir les effets de cette sensualité naturelle. Instinctivement, son bras se referma autour de la taille de Rugi. La jeune Noire ne ralentit pas son balancement, se frottant sans pudeur à Malko.

— J'adore cette musique! murmura-t-elle.

Leurs regards se croisèrent et il se dit qu'elle serait à lui avant la fin de la nuit. Puis, elle s'écarta un peu, comme pour se donner encore mieux en spectacle. Le ventre virevoltait, se creusait, s'offrait à la façon d'une danseuse orientale, mais sur un rythme plus sensuel, plus languissant. Deux autres couples les avaient rejoints, sur la piste, mais, à côté de Rugi, leurs évolutions semblaient maladroites et pataudes. Rugi sembla enfin s'apercevoir de l'effet qu'elle faisait à Malko. Fugitivement, elle appuya son ventre contre son sexe tendu.

— Vous n'êtes pas sage! reprocha-t-elle.

Depuis une heure, Malko se détendait. Ils avaient dîné au *Lagonda,* le restaurant du *Bitumani,* cher et mal. Rugi avait fait succéder le Cointreau au vin blanc tiède. Malko avait forcé sur le café très sucré, en prévision d'une nuit agitée. Débarrassée de l'hypothèque Bambé, Rugi avait redéployé tous ses charmes. En dépit de sa complicité amoureuse avec Rugi, Malko ne cessait de penser à Bambé. Si sa manipulation échouait, il ne lui restait plus grand-chose à tenter. Même si elle réussissait, il avait en face de lui une montagne de difficultés. Rugi semblait bien loin de tout cela.

La musique s'arrêta et ils regagnèrent leur table, tout au fond, près des fenêtres donnant sur la baie. Rugi but un peu de Cointreau, suçant ensuite les petits cubes de glace, puis se tourna vers Malko.

— Que voulez-vous vraiment faire avec Hussein Forugi?

La question directe le ramena sur terre.

— Je vous l'ai dit. Le faire parler.

— Il ne parlera pas, dit-elle. Vous le savez bien.

Elle fixait Malko avec insistance.

— Vous allez le tuer, n'est-ce pas? lâcha-t-elle d'une voix calme.

— Je ne suis pas un assassin, protesta-t-il. J'ai seulement besoin d'obtenir une information sur une opération terroriste. Pas la peine de le tuer pour cela.

— Il voudra se venger.

— Je ne serai plus là. Et nous aurons mis Bambé en sûreté.

Rugi ne répondit pas.

La musique reprenant, elle abandonna brutalement le sujet, ondulant à nouveau sur son fauteuil.

Et tout à coup, la lumière s'éteignit.

Malko tâta machinalement la sacoche de cuir contenant le Colt 45 posée à côté de lui. Il entendit le rire de Rugi dans la pénombre.

— C'est une panne! Ils vont mettre le générateur en route.

Le silence fut troublé par quelques interpellations, puis la musique reprit, nettement moins bonne. Un transistor mis en œuvre en toute hâte. Quelques bougies apparurent çà et là, diffusant une faible clarté. La discothèque étant pratiquement vide, cela n'avait guère d'importance. En tendant son verre de Cointreau à Rugi, Malko effleura involontairement sa poitrine. Elle eut un petit sursaut, posa le verre et se pencha sur lui, écrasant sa bouche contre la sienne, dardant une langue aiguë et agile comme un petit serpent au goût de Cointreau. Sa main se posa sur le sexe encore gonflé de Malko. Trente secondes plus tard, ils étaient emmêlés comme deux boas constrictors en folie. Rugi se tordait au moindre contact, électrisée. Quand Malko glissa une main sous son pull, taquinant la pointe d'un sein, elle lui mordit la lèvre. Elle continuait à le malaxer fébrilement. Profitant de l'obscurité, elle fit glisser son zip et l'emprisonna entre ses doigts.

Il voulut lui rendre la pareille, mais se heurta au

pantalon si étroitement serré qu'il dessinait la forme de son sexe. Lorsqu'il se mit à masser le point le plus sensible, Rugi sursauta et murmura d'une voix humide à son oreille :

— Arrête, tu vas me faire hurler!

Au moins, une Africaine qui n'avait pas été excisée...

Elle le masturbait à grands coups de poignet. Au risque de commettre l'irréparable. Malko mourait d'envie de goûter à sa bouche. Doucement, il inclina son visage vers lui.

Rugi se prêta d'abord à son caprice. Avec délices, il sentit sa bouche chaude se refermer sur lui, l'engloutissant d'un coup jusqu'à la luette. Mais elle se redressa aussitôt.

— Ce n'est pas bien de faire ça...

Ils se remirent à flirter. Malko fut obligé d'écarter les doigts qui l'agaçaient, car Rugi s'était mise en tête de le faire jouir...

— Partons, proposa-t-il. La lumière ne revient pas.

— Je voudrais encore danser, objecta Rugi. Nous avons toute la nuit.

La lumière et la musique revinrent d'un coup. Rugi avait l'air d'une folle, les yeux allumés, les lèvres gonflées. Malko se rajusta. Son regard balaya la piste et il aperçut deux hommes qui ne se trouvaient pas là avant la panne.

L'un était Eya Karemba, l'autre le policier en saharienne marron déjà repéré par Malko.

*
**

Rugi ne semblait pas avoir remarqué les deux policiers du CID. Replongée dans son rêve musical. Malko se pencha sur elle.

— Vous avez vu ces deux hommes. Là, au bord de la piste.

Elle tourna la tête dans la direction indiquée. Indifférente.

– Oui. Ce sont des gens du CID.

– Qu'est-ce qu'ils font là?

– Ils viennent souvent le soir. Pour se faire offrir un verre ou draguer une fille. Venez danser.

Ils se retrouvèrent sur la piste. Malko ne quittait pas les deux hommes des yeux, tout son désir évanoui. Cette panne prolongée lui semblait brutalement suspecte. Les deux policiers avaient quitté le bord de la piste pour s'installer à une table. Rejoints par une des putes du Casino.

Rugi profita d'un slow tropical pour s'incruster de nouveau contre Malko, sans un mot. Son mont de Vénus pressait impérieusement son ventre en une invite muette. En quelques instants, il fut de nouveau en ébullition. Un peu plus tard, quand il l'entraîna vers la sortie, laissant un Cointreau à moitié plein, elle ne résista pas. Il se retourna.

Eya Karemba et son compagnon étaient demeurés à leur table.

A peine dans la 505, Rugi s'enroula autour de lui. Ses mains étaient partout, avec une douceur et une habileté diaboliques. Malko faillit en rater le pont sur la lagune. La jeune Africaine l'avait pratiquement déshabillé lorsqu'ils tournèrent autour du grand Cotton-tree pour enfiler Kissy Road aux boutiques closes.

– Tu continues tout droit jusqu'à la station Esso, dit-elle.

Ils étaient presque sortis de la ville, suivant une courte autoroute allant vers le sud-est, le long de la Sierra Leone. Un kilomètre plus loin, Malko aperçut la station Esso et ralentit.

– A droite.

Il s'engagea dans un chemin défoncé, bordé de modestes bungalows au toit de tôle. Rugi le fit se garer en face d'un jardinet. Un veilleur de nuit somnolait, assis par terre, un énorme gourdin sur les genoux. Ils pénétrèrent dans la maison et allèrent directement dans la chambre où un grand lit à même le sol tenait presque toute la place. Rugi enfonça une cassette dans une chaîne hi-fi Akaï et la musique de Toure Kunda s'éleva dans la pièce.

D'un même élan, elle ôta son pull, son pantalon et ses chaussures, ne gardant qu'un triangle de nylon. Face à Malko, elle commença à onduler dans une danse furieusement sensuelle.

— Déshabille-toi, dit-elle.

A peine fut-il nu qu'elle se frotta contre l'érection de Malko.

Il n'attendit pas la fin du disque, la repoussant sur le lit où elle tomba les jambes en équerre, dressées vers le plafond. Il s'enfonça dans un vrai pot de miel, d'un seul coup. Rugi se cambra en arc-de-cercle sous lui et jouit avec un long feulement qui se transforma en une sorte de toux. Puis elle retomba, avec un sourire ravi.

— Ah, ce que j'avais envie de toi! soupira-t-elle.

— Je croyais que les Africaines préféraient les Noirs, remarqua-t-il.

Elle l'embrassa.

— Ils n'ont pas des yeux comme les tiens. Quand je les ai vus, je ne pouvais pas cesser de les fixer. J'étais fascinée. Je m'étais juré de t'avoir dans mon ventre.

Tout en parlant, elle le caressait doucement. Malko oublia provisoirement ses soucis. Il avait l'impression d'être au fond de l'Afrique avec une créature primitive... Rugi ne quittait pas son sexe des yeux, comme si elle guettait ses progrès. Bientôt, il eut retrouvé toute sa raideur. Elle s'agenouilla. Malko s'attendait à ce qu'elle le prenne dans sa bouche, mais elle étendit le bras, vers une étagère au-dessus de son lit et ramena un objet oblong et noir.

Un superbe olisbos en ébène, poli par l'usage. Les yeux de Rugi étincelaient...

— Tu ne m'en veux pas? demanda-t-elle. Je l'aime, c'est mon amant le plus fidèle... Je voudrais que tu te caresses.

Elle-même noua les doigts de Malko autour de la colonne de chair. Puis, le regard fixe, elle enfonça avec lenteur l'énorme olisbos entre ses cuisses jusqu'à ce que seuls les testicules d'ébène émergent de son ventre. C'était hallucinant, elle semblait possédée, le regard flou, pourtant fixé sur Malko... Elle entreprit d'entrer et de sortir l'engin de son corps, avec douceur, de toute la longueur, dans un mouvement tournant qui frottait contre son clitoris.

C'était fascinant de voir ces vingt-cinq centimètres d'ébène disparaître dans le ventre de Rugi. Celle-ci arborait une sorte de grimace mécanique, crispée de plaisir et de douleur à la fois.

— Caresse-toi et regarde-moi! ordonna-t-elle.

A la fois un ordre et une supplication. L'érotisme de son attitude poussait Malko à se dépasser. Rugi haletait. Ses gestes devenaient fébriles, l'olisbos entrait et sortait de son sexe comme un piston de locomotive. Malko put presque deviner à la seconde près quand elle allait jouir, à la dilatation de ses pupilles. Rugi poussa un feulement rauque, sa main resta crispée sur l'olisbos, le ventre secoué de frémissements. Au moment précis où la semence de Malko jaillissait.

Un voile passa sur ses yeux, elle se laissa glisser en arrière, comme morte, l'engin toujours enfoncé dans son ventre. Les pointes des seins tendues. Ce n'est que plusieurs minutes plus tard qu'elle se redressa, comme si elle émergeait d'un coma...

Lentement, elle arracha l'olisbos brillant de son ventre et le remit en place.

— Dans ma « Bondo Society (1) », dit-elle, il nous arrive de nous réunir et de nous faire jouir ainsi. C'est moi qui donne le signal. L'onde mentale est si forte que j'arrive à les faire jouir en même temps que moi...

Malko s'était remis à penser au lendemain. Vingt-quatre heures pour tout organiser. A condition que Bambé tienne sa promesse. Avec les Africains, on ne pouvait jamais prévoir. Ils avaient tous une double personnalité : un vernis civilisé et, profondément, les habitudes ancestrales où le temps ne comptait pas...

— Tu viendras demain avec moi chez Bambé ? demanda-t-il.

Rugi secoua la tête.

— Ce n'est pas utile. Elle t'obéira. Je lui ai donné des ordres.

— Des ordres ?

— Oui, elle fait partie de la même « Bondo Society » que moi, elle doit m'obéir. Sans cela, jamais elle n'aurait accepté de t'aider...

Malko allait la remercier lorsqu'il entendit une voiture s'arrêter devant la porte. Rugi écoutait aussi.

— Tu attends quelqu'un ? demanda Malko.

— Non, fit-elle. Ce n'est pas un voleur, en tout cas, ils n'ont pas de voiture. De toute façon, il y a le garde avec un bâton...

Un coup de feu l'interrompit. Elle se dressa avec un cri de terreur.

Malko, nu, bondissait déjà sur sa sacoche, en arrachant le Colt. Il y eut un bruit violent de bois brisé. On venait d'enfoncer la porte.

(1) Sorte de franc-maçonnerie.

— Ne bouge pas, cria-t-il, repoussant Rugi dans un coin de la chambre.

L'arme braquée sur le couloir, il attendit quelques secondes, entendit le bruit d'une voiture qui redémarrait. Puis le silence retomba. Comme s'ils avaient rêvé. Il se sentait idiot avec son arme braquée sur du vide. La posant une seconde, il passa un pantalon tandis que Rugi se drapait dans un gara, muette de terreur.

Malko avança dans le couloir et aperçut dans l'encadrement de la porte la tache plus claire de la nuit. Toujours personne. Rugi abritée derrière lui, il progressa jusqu'à la porte du bungalow. Elle avait été ouverte d'un coup de pied, la serrure pendait, arrachée. Seul signe de violence... Il avança encore et regarda dehors. Pas de voiture, à part la sienne. Intacte. Derrière lui, Rugi appela :

— Sheka!

Pas de réponse. Malko distingua alors une silhouette allongée dans l'ombre, près de la maison.

Rugi rentra et revint avec une lampe électrique. Le faisceau éclaira le veilleur de nuit pauvrement vêtu qu'ils avaient aperçu en entrant. Son visage n'était plus qu'une masse sanglante. Il avait reçu un projectile de gros calibre en plein front qui lui avait fait exploser la tête. Il serrait encore, dans sa main droite, son énorme gourdin...

— Mon Dieu, on l'a tué! gémit Rugi, c'était le gardien... Ce devaient être des voleurs.

— Pourquoi ont-ils battu en retraite?

Colt au poing, Malko scrutait l'obscurité. Cette bizarre agression avait sûrement un but. Lequel? Pas une lumière dans les bungalows voisins. Leurs occupants devaient se terrer, terrifiés.

Rugi fit demi-tour pour revenir dans la chambre. Elle s'immobilisa soudain avec un hurlement strident qui glaça le sang de Malko. Son regard suivit le faisceau de sa lampe.

La lumière éclairait un objet posé par terre dans le couloir qu'ils n'avaient pas remarqué dans leur précipitation. Comme un morceau de réglisse, long de quelques centimètres... Malko se pencha et voulut le ramasser. Rugi l'écarta avec un hurlement terrifié.

— N'y touche pas!

Ce n'était quand même pas une machine infernale! Malko arrêta son geste, mais comprit soudain de quoi il s'agissait.

C'était un doigt humain, tranché net. En un éclair, la vision du cadavre d'Eddie Connolly lui revint en mémoire... Il lui manquait le petit doigt de la main droite... Rugi tremblait comme une feuille. Il dut la pousser pour qu'elle consente à rentrer, rasant le mur pour passer le plus loin possible du macabre débris... De retour dans la chambre, elle lui fit face.

Détruite. Son teint était gris, ses cheveux semblaient s'être aplatis. Sa bouche tremblait, ses prunelles étaient dilatées comme celles d'une droguée.

Malko voulut la prendre dans ses bras, mais elle fit un bond en arrière.

— Ne me touche pas.

— Pourquoi as-tu si peur?

Elle secoua la tête, murée dans sa terreur.

— Tu ne peux pas comprendre, tu es un Blanc... C'est un signal de mort. Va-t'en. Quitte cette maison, je t'en prie. Tu me mets en danger...

Malko se rhabilla. Debout dans un coin, Rugi le fixait comme s'il était le diable. Tremblante, les yeux hors de la tête. Il remit son arme dans la sacoche et proposa :

— Ta porte a été forcée. Tu ne veux pas venir avec moi au *Mammy Yoko?*

— Non, je ne crains rien... Va-t'en.

Ils se toisèrent quelques instants. C'était fou, irrationnel. On ne voyait plus que le blanc des yeux de Rugi. Même son orgueilleuse poitrine semblait s'être affaissée. Ses lèvres bougeaient sans qu'aucun son ne sorte de ses lèvres. Elle avait la chair de poule en dépit de la chaleur humide qui régnait dans son bungalow non climatisé.

— Tu veux que je l'enlève? demanda-t-il.

— Non! N'y touche pas. Va-t'en.

Il traversa le couloir, évitant le doigt du mort, gagna sa voiture. Ce n'est que sur l'autoroute qu'il réalisa vraiment la terreur de Rugi et ce qu'il risquait. Ceux qui étaient venus avaient tué un homme juste pour déposer ce sinistre avertissement. Il scruta l'autoroute déserte à perte de vue.

Endroit rêvé pour une embuscade... Il posa le Colt à côté de lui sur le siège, verrouilla les portières. Dieu merci, il n'y avait pas de feux rouges. Il dévala Kissy Road à tombeau ouvert, puis Siaka Stevens Street, sans voir âme qui vive, piéton ou véhicule. Sa tension ne se relâcha qu'en entrant dans le parking du *Mammy Yoko,* dont le hall lui parut particulièrement accueillant.

Il mit la chaîne à sa porte et posa le Colt sur le lit jumeau. Encore choqué par ce qui s'était passé chez Rugi. Qu'allait-il arriver ensuite?

Malko s'arrêta devant le bungalow de Rugi. De jour, il avait l'air encore plus minable. Il avait vainement attendu des nouvelles d'elle et s'était décidé à lui rendre visite, traversant toute la ville. Kissy Street grouillait d'animation, des chariots partout, des dizaines de marchands à même le trottoir, et ensuite l'autoroute encombrée de poda-poda, de bus et de camions surchargés.

Il traversa le jardin du bungalow. La porte était toujours défoncée. Dans le couloir, le doigt avait disparu. Il ressortit et vit un jeune Noir se balançant dans le rocking-chair, devant le bungalow voisin.

— Miss Rugi? demanda Malko.

— *Gone, not here,* fit le Noir.

— *Where?*

L'autre eut un geste vague, et retomba dans sa léthargie. Malko repartit vers le centre. Sans illusion.

Il fila à l'ambassade US et monta chez Jim Dexter qui écouta son récit avec attention.

— Ces types sont malins, dit-il. Une fille moderne comme Rugi est restée très plongée dans les superstitions, surtout à cause de son rôle dans les « Bondo society ». Le doigt coupé, cela signifie qu'un mort vous réclame... Non seulement vous allez mourir, mais votre âme ne trouvera pas le repos... Ces salopards font feu de tout bois. Mais ce ne sont pas les Iraniens qui ont trouvé cela...

— Où est-elle à votre avis?

— Elle a dû aller consulter un sorcier dans son village pour qu'il entreprenne les cérémonies destinées à calmer l'âme du mort. Cela peut prendre trois jours ou trois semaines. Ne comptez plus sur elle... C'est quelque chose qu'on ne peut vaincre. En Afrique, chaque fois qu'on oublie la tradition, on se plante...

Il restait une question essentielle pour Malko. Bambé allait-elle remplir son contrat? Rugi avait-elle eu le temps de la prévenir avant de partir? Ses adversaires ne l'avaient-ils pas intimidée, elle aussi?

Dans quelques heures, il allait être fixé.

CHAPITRE XIII

La lueur dansante de la bougie donnait aux plaques rouges semant le visage de Wild Bill Hodges l'aspect d'un camouflage. L'Irlandais, affalé dans un fauteuil, fumait un énorme cigare dont l'odeur envahissait la petite pièce. Malko et lui s'était embusqués dans un des bureaux vides de la maison de Bambé.

Contre toute attente, celle-ci n'avait fait l'objet d'aucune intimidation, accueillant Malko comme prévu; ce dernier lui ayant expliqué que Rugi avait dû quitter Freetown, la jeune Noire avait accepté d'être prise en charge par lui. Avec un plaisir non dissimulé... Il faisait nuit depuis longtemps et l'attente commençait à user les nerfs des deux hommes. Rien ne disait qu'Hussein Forugi tomberait dans le piège tendu par Malko.

Ce dernier regarda Bill Hodges. Le mercenaire était sanglé dans une chemise de toile dont les manches retroussées découvraient ses tatouages et un jean trop serré comprimant une panse qui semblait prête à faire exploser la grosse ceinture à boucle d'argent. Les santiags noires étaient cirées impeccablement et le manche d'un poignard dépassait de la droite.

L'Irlandais retira son cigare de sa bouche pour laisser tomber :

– On va attendre jusqu'à quelle heure cet enfoiré de Forugi?

– Dix heures, fit Malko. Après, il ne viendra plus.

Bambé lui avait révélé que tous les Iraniens étaient tenus de rentrer très tôt à leur résidence. Donc, ils avaient encore environ deux heures d'attente. De l'autre côté de la maison, la jeune Noire devait trouver le temps long, elle aussi.

Des miaulements furieux éclatèrent sous leur fenêtre. Les chats sauvages qui se battaient. La pièce où ils étaient donnait seulement sur la mer et l'Iranien ne pourrait voir la lumière en arrivant dans le parc. Malko regarda par la fenêtre, suivant les feux d'une barque de pêche qui s'éloignait dans la baie de Freetown.

Malko priait pour que l'Iranien se laisse tenter. Sinon, c'était l'impasse. Wild Bill avait certes proposé comme plan de secours l'attaque de la résidence de Karim Labaki, mais c'était peu réalisable.

L'Irlandais tira de sa santiag son poignard à la lame aiguisée comme un rasoir et s'amusa à couper une feuille de papier en deux. Ses petits yeux enfoncés bougeaient sans arrêt. Il laissa tomber de sa voix traînante :

– Elle est mignonne la petite Bambé et elle ne doit pas encore avoir le Sida.

Insatiable. A croire que sa pulpeuse Libanaise blonde ne lui suffisait plus... L'Afrique semblait décupler les pulsions sexuelles des uns et des autres.

Il bâilla et ferma les yeux. Tirant doucement sur son cigare. Sa Range Rover était garée dans une impasse, plus loin, sous la garde d'un de ses employés. Malko consulta sa Seiko-quartz.

Huit heures et quart. Dans deux heures au plus, ils seraient fixés.

*
**

Hussein Forugi, jus d'orange au poing, en compagnie de son ambassadeur, se tenait à l'écart de la foule des infidèles se pressant au cocktail donné par l'ambassade de Corée du Sud, dans un salon du *Mammy Yoko*. Une de ses rares sorties. Ils avaient ordre de ne pas se mêler à la vie diplomatique pour ne pas risquer la « pollution »... Leur orangeade en évidence, ils regardaient avec un mépris affecté la foule des invités s'empiffrer de canapés et d'alcools. Les diplomates des pays noirs, surtout, ne pouvaient pas résister...

L'ambassadeur se pencha à son oreille.

— Notre messager sera à Téhéran demain. Je lui ai dit que tout se passait selon nos vœux. J'espère que je ne me suis pas avancé.

Hussein Forugi caressa sa barbe avec satisfaction.

— Allah est grand et nos adversaires stupides, fit-il sentencieusement. Tout se produira comme l'Imam l'a souhaité.

— Personne ne pourra nous mettre en cause?

— Personne. Il n'y aura que des soupçons et seul Allah pourra dire qui a armé la main qui frappera nos ennemis...

— Parfait, approuva l'ambassadeur. Il ne faut à aucun prix commettre l'erreur des sionistes avec Eichman en Amérique latine. Ils se sont brouillés avec plusieurs pays pour avoir agi maladroitement...

— Ce n'est pas notre cas... assura Hussein Forugi.

Il termina son orangeade. Le mot plié au fond de sa poche lui brûlait les doigts. Depuis le matin, il était déchiré entre sa lubricité et la prudence.

Aller retrouver Bambé réclamait plusieurs conditions, la première étant que personne dans son
entourage ne puisse le soupçonner. Sinon, c'était
le retour immédiat sur Téhéran mais pas dans les
conditions qu'il souhaitait. Ses fantaisies à la
résidence se déroulant en terrain ami, elles étaient
tolérées. Un scandale à Freetown, c'était une
autre histoire. Ensuite, il fallait éviter un chan-
tage. De ce côté, il était plus tranquille. Avec des
leones, on faisait facilement taire une Africaine.
Une toute petite voix lui disait bien que l'appel de
Bambé était illogique, mais il avait absolument
besoin de s'enfoncer encore une fois dans sa
bouche sensuelle...

Il posa son verre d'orangeade vide et dit à son
ambassadeur :

— J'ai encore du travail. Il faut que je rencontre
un contact important.

— Faites attention, recommanda le diplomate.
Je reste encore quelques minutes.

Hussein Forugi ne dépendait pas de lui, mais
du ministère de la Sécurité intérieure, organisme
beaucoup plus puissant que le ministère des Affaires étrangères.

A peine Forugi eut-il disparu qu'il s'approcha
du buffet et se fit servir discrètement un verre de
cognac... L'alcool lui chauffa délicieusement le
gosier et lui monta au cerveau. Il regardait la
bouteille de Gaston de Lagrange, comme si c'était
l'Imam, jetant des regards craintifs autour de lui :
un grand Noir en costume traditionnel lui adressa
un clin d'œil dans la foule, et il se détourna,
gêné.

Hussein Forugi retrouva sa voiture au parking,
et se glissa à l'arrière. Son visage blafard était
congestionné par la tension nerveuse et le désir.

— On va à Murray Town, dit-il à son chauffeur.

Tu me déposeras et tu m'attendras. Il ne faut rien
dire à personne. C'est un contact secret.

— *Baleh, baleh,* murmura le chauffeur, blasé.

*
**

— Le voilà.

Le chuchotement de Bill Hodges fit sursauter
Malko. Depuis un bon moment, l'Irlandais s'était
embusqué à l'angle de la maison, surveillant le
sentier traversant le jardin en friche. Cela, à
l'initiative de Malko : rien ne disait que Forugi
allait venir en voiture.

Malko sauta à son tour par la fenêtre et suivit
silencieusement Bill Hodges, jusqu'à son poste
d'observation.

Hussein Forugi avait disparu mais la porte de
la maison était entrouverte. Malko fixa le battant,
le pouls accéléré brutalement. Dans quelques
minutes, tout allait basculer vers une situation
irréversible. Il se sentait un peu comme un général
sur le point de lancer une attaque. On peut avoir
répété la théorie, lorsqu'on passe à l'action, on est
étreint par le trac. A partir de maintenant, il était
seul. Jim Dexter, en dépit de ses bonnes intentions, ne pourrait guère, si les choses tournaient
mal, que lui assurer une place à Arlington, le cimetière des barbouzes particulièrement méritantes.

Les deux hommes demeurèrent immobiles d'interminables minutes. Afin d'éviter toute réaction
intempestive, il valait mieux que Hussein Forugi
soit engagé dans l'action avant d'intervenir...

Près d'un quart d'heure s'écoula. Malko sentait
son pouls cogner dans ses tempes. L'estomac
serré, il bougea enfin, atteignit le couloir obscur
menant à la chambre de Bambé. Au moment où il
y arrivait, un cri rauque rompit le silence. Par
l'entrebâillement de la porte, il aperçut brièvement

l'Iranien assis sur le lit, Bambé agenouillée devant lui. La bouche ouverte, les yeux fixes, une expression d'intense satisfaction sur le visage, Hussein Forugi venait visiblement de se répandre dans la bouche de la jeune Noire.

Ce fut sa dernière sensation agréable.

Son regard tomba sur Malko et Bill Hodges, au moment où il redescendait sur terre... Une stupéfaction sans bornes remplaça l'extase en une fraction de seconde. Avec un rugissement de rage, il repoussa violemment Bambé et se releva pour s'enfuir. Oubliant seulement que son pantalon entravait ses chevilles... Au premier pas qu'il ébaucha, il plongea en avant, s'écrasant sur le sol poussiéreux.

La poigne de Bill Hodges le saisit au collet au moment où il se redressait.

— Qui êtes-vous? hurla l'Iranien. Laissez-moi, je suis diplomate...

— Enculé, fit simplement l'Irlandais.

De toutes ses forces, il le frappa du poing gauche, à l'estomac. Malko eut l'impression que le Christ en croix entrait dans le ventre de Hussein Forugi. Ce dernier partit en arrière avec un couinement, retomba en vomissant, puis commença à gigoter pour remettre son pantalon en place...

Bambé contemplait la scène, médusée, de la terreur plein les yeux. Elle attrapa Malko par la manche.

— Vous n'allez pas lui faire de mal...

— Non, fit Bill Hodges, on veut juste bavarder avec lui...

— Au secours! glapit Hussein Forugi. Au secours!

Cette fois, la manchette lui fendit la lèvre supérieure et il recula, les deux mains protégeant son visage.

Il ouvrait la bouche pour hurler encore, lorsque Bill Hodges se baissa d'un geste très naturel. Quand il se redressa, la lame brillante du poignard pris dans sa botte accrocha la lumière de la lampe à pétrole. La pointe appuyait déjà sur la pomme d'Adam de Forugi.

— Tu viens avec nous, ordonna l'Irlandais. Tu ne dis plus rien et tout se passera très bien...

L'Iranien, dont le sang coulait sur le menton, cessa toute résistance. Il avait participé à assez d'horreurs pour sentir qu'un homme comme l'Irlandais pouvait lui ouvrir la gorge sans la moindre émotion. Bill Hodges le tâta rapidement sans trouver aucune arme. Puis, il le poussa à l'extérieur.

Malko s'interposa :

— Vous êtes venu à pied?

— Non.

— Où est votre voiture?

— Loin.

— Votre chauffeur sait où vous allez?

— Non, avoua faiblement l'Iranien.

Malko laissa Bill l'entraîner.

Bambé s'accrocha à lui.

— Et moi?

— Vous venez avec nous, dit-il.

Docilement, Bambé éteignit la lumière et les suivit. Ils contournèrent la maison pour gagner, par les terrains vagues longeant le mur, l'impasse où se trouvait la Range-Rover de l'Irlandais. Celui-ci fit monter Forugi à l'arrière avec lui et confia le volant à Malko.

Bambé se blottit contre lui, absolument terrifiée.

— Qu'est-ce que vous allez faire?

— Ne craignez rien, dit Malko. Avec nous, vous êtes en sûreté.

Tandis qu'ils cahotaient dans les rues défoncées

de Murray Town, Hussein Forugi se pencha vers
Malko. Il avait repris un peu de dignité.

— C'est un kidnapping ! lança-t-il. Je suis diplomate. Vous allez déclencher un incident très grave
entre la République Islamique d'Iran et la Sierra
Leone. Ah...

Il se tut. Bill Hodges venait de lui expédier une
manchette dans la gorge.

— Tu parleras quand on te le dira, fit l'Irlandais.

Malko avait quand même l'estomac serré : il
venait de se lancer dans une opération totalement
illégale. A ce stade, même la Company ne pourrait pas le protéger.

Pendant tout le trajet, Bill Hodges fredonna des
ballades irlandaises d'une voix de fausset. Hussein
Forugi demeurait silencieux, ainsi que Bambé
blottie à côté de Malko.

Les cahots les jetaient sans cesse les uns sur les
autres et Malko dut ralentir. A cause de la
présence du chauffeur d'Hussein Forugi, les Iraniens risquaient de s'apercevoir rapidement de la
disparition du directeur de leur centre culturel.
Cela leur donnait un sursis d'une heure ou deux.
D'ici là, il fallait que tout soit réglé. Sinon, les
ennuis sérieux commenceraient...

Hussein Forugi contempla l'ameublement
luxueux du living-room de l'Irlandais, les yeux
ronds. Ils avaient garé la Range Rover devant la
maison et congédié le chauffeur. Yassira était
consignée dans sa chambre. Bambé, pelotonnée
dans un canapé, fixait la scène de ses grands yeux
marron.

Bill Hodges alla au bar et se versa un grand
verre de J & B. Il régnait un silence pesant dans la
pièce. Forugi passa une langue pointue sur ses

lèvres sèches... A peine entré dans la maison,
l'Irlandais lui avait lié les poignets avec une
cordelette dont il tenait l'extrémité comme une
longe. Hussein Forugi, avec son visage blafard et
ses yeux de fouine, ne payait pas de mine.

Malko s'approcha de lui :

— Mister Forugi, nous savons qui vous êtes et
ce que vous faites.

— Je suis diplomate.

— Non, dit Malko, vous faites partie des services spéciaux iraniens et vous obéissez directement
à l'Imam Khomeiny. Avant d'être en Sierra
Leone, vous avez tenu un poste de tortionnaire à
la prison d'Evin, et encore avant, vous étiez
informateur pour la Savak dans le quartier de
Chemiran, à Téhéran. Voulez-vous d'autres
détails? Comment vous avez fait exécuter toute la
famille Lak grâce à une fausse dénonciation?
Comment vous avez crevé les yeux d'un ancien
officier de la Garde Impériale...

Forugi s'était recroquevillé. Sa pomme d'Adam
jouait au ludion et il était encore plus livide que
d'habitude.

— C'est... c'est faux... balbutia-t-il. Qui êtes-
vous?

— Vous le savez aussi, dit Malko, vous avez
essayé de me faire assassiner par un des hommes
de main de Karim Labaki.

Bill Hodges, qui était demeuré silencieux, posa
brusquement son verre sur le bar et se rua en
avant comme un taureau. Les taches rouges
avaient envahi tout son visage. Ses doigts se
refermèrent sur la gorge de l'Iranien et il se mit à
lui cogner la tête contre le mur.

— Salaud! C'est toi qui as fait tuer Seti.

Hussein Forugi hurlait, se débattait et finalement tomba à terre. Malko intervint.

— Bill, laissez-le pour l'instant. Mister Forugi,

je veux savoir qui sont les deux Chiites libanais
que vous aviez cachés dans votre résidence de
Hillcot Road et qui se trouvent maintenant chez
votre ami, Karim Labaki. Et ce qu'ils s'apprêtent
à faire.

Les yeux d'Hussein Forugi se rétrécirent. Visiblement, il ne s'attendait pas à autant de préci-
sions... Il secoua la tête en balbutiant.

— Je ne sais pas ce que vous voulez dire, je ne
connais pas ces hommes. Je n'ai jamais hébergé
personne à la Résidence. Je vous donne ma
parole.

Malko se tourna vers Bambé.

— Bambé, vous m'avez bien dit que deux inconnus avaient séjourné en secret à la Résidence?

Morte de peur, la Noire n'arriva pas à répondre. Son silence déclencha néanmoins l'hystérie de
Hussein Forugi.

— Elle a menti! hurla-t-il, c'est une chienne
impure, une athée, un animal...

Il continua en persan, la couvrant d'injures
ordurières... Les yeux hors de la tête. Malko le
laissa se défouler. Bill Hodges fixait l'Iranien,
brusquement calmé. Il dit :

— Nous n'avons pas beaucoup de temps. Laissez-moi faire.

Malko répugnait à laisser le mercenaire prendre
le relais. Mais d'un autre côté, il fallait se salir les
mains. Il revit Seti agonisante et le cadavre mutilé
d'Eddie Connolly, pensa au massacre d'Abidjan.
Sans parler de ce que pouvaient déclencher les
deux terroristes chiites.

— Mister Forugi, dit-il, je vous conseille de
parler.

— Porc! Vous n'êtes qu'un porc infidèle! hurla
l'Iranien. Allah vous écrasera, vous et vos alliés.
Et bientôt, vous pleurerez d'humiliation, vous
pleurerez vos morts...

Il se tut brutalement, continuant à marmonner des mots sans suite, encore plus pâle, conscient d'en avoir trop dit... Malko échangea un regard éloquent avec Bill Hodges... L'Irlandais eut un sourire pas vraiment rassurant.

– Laissez-le-moi. Dans cinq minutes, il dira tout ce qu'il sait... Et je ne vais pas faire vraiment de dégâts.

Déjà, il entraînait l'Iranien, le tirant par la corde reliée à ses poignets... Forugi essaya de s'accrocher aux meubles, renversa le gros lion en ébène, hurla, déchira un rideau et finit par se faire traîner par terre. Bambé eut un rire nerveux. Pour elle, c'était du plus haut comique... Malko intervint.

– Je viens avec vous.

– Ne craignez rien, lança le mercenaire. Je vais juste l'amollir un peu. C'est comme la viande, il faut un attendrisseur...

D'une secousse, il entraîna Forugi vers le jardin... Malko allait néanmoins le suivre, lorsque Bambé s'accrocha à lui.

– Ne me laissez pas! Ne me laissez pas seule!

Totalement hystérique de trouille. Il réussit à la calmer, et se mit à chercher l'Irlandais. Celui-ci avait disparu avec son prisonnier. Malko appela :

– Bill! Où êtes-vous?

Seul, le bruit des vagues lui répondit. Il franchit la porte-fenêtre, scrutant l'obscurité, et aussitôt, Bambé s'accrocha à lui, toujours aussi terrifiée. Impossible de retrouver Bill Hodges dans ces conditions.

Malko en profita pour recharger les armes. Si seulement il y avait eu le téléphone. Impossible de prévenir Jim Dexter... Pourvu que le chauffeur de l'Iranien n'ait pas donné l'alerte tout de suite...

*
**

Karim Labaki jouait au poker avec quelques amis quand un de ses hommes vint se pencher à son oreille. Il fallait une raison grave pour qu'on le dérange lorsqu'il était occupé à jouer avec les hommes les plus puissants du pays, dont le ministre de l'Intérieur... Abandonnant son brelan, il traversa l'énorme living-room au sol recouvert d'une sublime moquette haute laine créée spécialement pour lui par le bureau d'études de Claude Dalle. Un homme l'attendait sous le porche, à côté d'une Mercedes CD de l'ambassade d'Iran. Visiblement soucieux.

— C'est lui qui veut vous parler, annonça un des Palestiniens. Le chauffeur de Forugi.

— Pourquoi es-tu ici? demanda brutalement le Libanais. Tu as un message?

A cause des défaillances du téléphone, ils utilisaient fréquemment des messagers... Le chauffeur avala sa salive.

— Non. Mr Forugi a disparu.

— Disparu? Où?

Le chauffeur expliqua la soirée. Comment, au bout d'une heure, Hussein Forugi ne réapparaissant pas, il avait fini par retourner à la Résidence où l'Iranien n'était pas non plus.

Labaki réfléchissait, flairant un coup tordu. Ce porc d'Hussein Forugi avait probablement été voir une pute. Il repensa soudain à l'information selon laquelle Forugi était l'amant de l'ex-standardiste de la Résidence iranienne. Cela sentait mauvais.

— Attends-moi, dit-il. Je viens avec toi.

Le temps de prévenir ses amis de continuer sans lui et de ramasser trois Palestiniens, il grimpait dans sa Mercedes 500, suivi du chauffeur de

Forugi. Dix minutes plus tard, ils se trouvaient à Murray Town. A son tour, il parcourut la zone où l'Iranien avait disparu. De plus en plus intrigué. Ce porc de Forugi n'était quand même pas passé de l'autre côté... Avec les Iraniens, on ne savait jamais, c'étaient de tels voyous...

Le chauffeur du Libanais s'était mis à explorer la rue. Il revint en hâte.

— Boss, j'ai appris quelque chose... Venez.

Le Libanais le suivit jusqu'à une marchande de cigarettes, à deux leones la pièce, installée sur la véranda d'une maison croulante... Le chauffeur expliqua que la vendeuse avait vu une grosse voiture rouge non loin de la maison où l'Iranien était entré, avec plusieurs personnes à bord... Dont la fille qui habitait là.

— Qui est-ce? demanda Labaki.

— Bambé, l'ancienne standardiste de la Résidence, expliqua le chauffeur. Une fois, elle était malade, je l'ai emmenée ici. Une fille très jeune.

Le Libanais sentit une main de fer lui étreindre le cœur. Ce salaud de Forugi lui avait menti! Il sautait cette fille. Or, Bambé connaissait Rugi, qui fréquentait l'agent de la CIA... Cela commençait à sentir vraiment mauvais. Il posa deux cents leones devant la marchande de cigarettes et demanda en créole :

— *You sabe oussa shi done go* (1)?

La fille étendit la main, montrant la direction opposée au centre de Freetown.

— *Shi gogo for ya* (2).

Cette fois, c'était carrément suspect. La voiture rouge surtout l'intriguait... En tout cas, quelque chose de grave se tramait. Il se félicita que rien ne puisse plus lui être reproché. Ses « pensionnaires »

(1) Tu sais où elle est partie?
(2) Elle est partie par là.

étaient sur le point de prendre la route, munis de papiers en bonne et due forme. Seulement, Forugi risquait de parler et l'impliquer, lui Labaki... Il était urgent de le retrouver. Mort ou vif et, de préférence, mort.

— On rentre! fit-il.

Les deux voitures repartirent à fond la caisse, éclaboussant de boue les rares passants. A peine rentré, Karim Labaki marcha droit sur le ministre de l'Intérieur :

— Tu connais beaucoup de grosses voitures rouges à Freetown?

Le Noir réfléchit quelques instants.

— J'en vois trois, dit-il, je crois que ce sont les seules. La Mercedes du vice-président, la Pajero de Kofi, le Ghanéen qui tient le restaurant et la Range Rover de ce fou d'Irlandais, le protégé de Sheka Songu. Je ne sais même pas vraiment comment on laisse un homme pareil dans notre pays, après les crimes qu'il a commis au Mozambique. C'est un raciste, ça oui...

Le Libanais ne l'écoutait plus. C'était la CIA qui avait enlevé Forugi. Ce qui n'était pas vraiment bon signe. Pour que les Américains se soient livrés à ce genre d'action, il fallait qu'ils soient au courant de ce que les Iraniens préparaient. Avec son aide à lui, Labaki. Coûte que coûte, il fallait faire le ménage. Avant que cela n'arrive aux oreilles du Président Momoh. Certes, il avait du pouvoir en Sierra Leone, mais il n'était quand même pas aussi riche que les Etats-Unis et l'Arabie Saoudite réunis... Il attira le chef de ses Palestiniens dans un coin :

— Tu prends tes hommes et tu files à Lakka, chez Hodges, ordonna-t-il. Fais attention, il est toujours armé. Tu ramènes tout ceux que tu trouves là-bas. S'ils résistent, tu les tues. Sauf Yassira.

CHAPITRE XIV

Un hurlement atroce glaça le sang de Malko. Cela semblait venir de la plage, au-delà du jardin de Bill Hodges. Cette fois, sans écouter les hurlements de Bambé, il se rua dans le jardin et scruta le sable en contrebas. Sur sa droite, à une cinquantaine de mètres, il distingua la lueur d'une lampe électrique et fonça dans cette direction.

En approchant, il distingua un corps pendu à l'une des branches d'un gros fromager s'élevant en bordure du sable. Glacé d'horreur, il se dit que l'Irlandais avait pendu Hussein Forugi !

Lorsqu'il parvint au pied de l'arbre, il réalisa alors que l'Iranien était simplement pendu par les poignets, la corde qui le soutenait passée sur une branche, l'autre extrémité tenue par l'Irlandais. Ses cris de douleur, bien que moins intenses, continuaient de plus belle. Bill Hodges le contemplait, la tête levée. D'un coup d'œil, Malko vérifia que son poignard était toujours enfoncé dans sa santiag.

— Bill, qu'est-ce que vous faites ? demanda-t-il, outré, à l'Irlandais.

— Je vous ai dit, je l'amollis, répliqua paisiblement Wild Bill Hodges.

Prenant l'Iranien par les pieds, il le tira vers lui, comme un pendule, le plus haut possible, puis le lâcha. Hussein Forugi partit en avant, son dos raclant au passage le tronc du fromager. Un nouveau cri horrible jaillit de sa gorge. Son mouvement de pendule le ramena vers l'Irlandais, et, de nouveau, en frôlant le tronc, il poussa un cri de porc qu'on égorge.

Malko observait la scène, perplexe. A première vue, ce jeu de balançoire semblait parfaitement innocent. Il approcha un peu plus et vit alors que la chemise de l'Iranien était déchirée dans le dos, en loques, les lambeaux imprégnés de sang. En examinant le tronc du fromager, il comprit l'abominable astuce de Bill Hodges. Le tronc de l'arbre était hérissé de protubérances triangulaires, comme une gigantesque râpe à fromage naturelle. A chaque passage, ces pointes arrachaient quelques lambeaux de la peau du conseiller culturel iranien.

Bill Hodges attrapa ses pieds et recommença à les amener vers lui.

— On repart pour un tour, fit-il jovialement.

— Arrêtez! cria Malko.

Trop tard, l'Irlandais lâcha brutalement la corde et de nouveau Hussein Forugi racla le tronc du fromager à l'aller et au retour, dans un concert de cris et de supplications abominables.

— Lâchez-le tout de suite! ordonna Malko.

Bill Hodges s'exécuta et l'Iranien tomba lourdement. Il roula sur lui-même pour se mettre à plat ventre. Son dos n'était plus qu'une plaie. Certaines des pointes du fromager étaient restées plantées dedans. Malko était révolté, mais l'Irlandais semblait parfaitement à son aise...

— C'est ce qu'ils font ici pour faire avouer les voleurs, expliqua-t-il. Une méthode saine et naturelle qui laisse des cicatrices. Comme ça, on les reconnaît par la suite.

Malko s'accroupit à côté d'Hussein Forugi qui gémissait.

— Qui sont les deux hommes? demanda-t-il.

Apparemment, l'Iranien avait été convenablement « amolli ». Il murmura d'une voix mourante :

— Nabil Moussaoui et Mansour Kadar. Des Chiites de Beyrouth Sud.

— Pourquoi sont-ils ici?

— Pour une mission.

— Laquelle?

— Ils doivent s'emparer d'un avion et le détourner sur Beyrouth.

— Ici?

— Non.

— Où?

— A Abidjan.

— Quel avion?

Silence. l'Irlandais qui écoutait la conversation tira un peu sur la corde.

— Laissez-moi remonter ce salaud.

Hussein Forugi poussa un gémissement.

— Non! Non! C'est le vol du samedi soir pour Paris.

C'est-à-dire quarante-huit heures plus tard.

— Pourquoi ce vol-là?

— Parce qu'il y aura beaucoup d'Américains à bord...

— Comment le savez-vous?

— Nos informateurs.

— Comment vos deux hommes vont-ils monter à bord avec des armes?

Hussein Forugi se tut. Cette fois, même les menaces de Bill Hodges ne lui firent pas desserrer les lèvres.

Malko dit d'une voix glaciale :

— Rependez-le. Nous devons savoir.

En dépit de ses hurlements, Hussein Forugi fut

suspendu de nouveau. Au moment où l'Irlandais le prenait par les pieds pour recommencer son sinistre jeu de balançoire, un Noir arriva, courant comme un fou, les yeux hors de la tête.

— Boss! Boss! Il y a des Blancs dans le village qui ont demandé où se trouvait notre maison. On les a envoyés à la maison du Cap Hamilton, mais ils vont revenir...

— *Shit!* Les Palestoches! fit Bill Hodges.

Du coup, il avait lâché l'Iranien qui se racla une fois de plus le dos contre le fromager... Malko réalisa qu'il était trop risqué d'essayer d'en savoir plus. Il ignorait à combien d'hommes il allait avoir affaire. Avant tout, il fallait prévenir la CIA. Alerter Abidjan.

— Partons, dit-il, nous en savons assez.

Sans se préoccuper d'Hussein Forugi allongé à terre, ils coururent vers la maison. Bambé qui dormait sur un canapé se réveilla en sursaut. Bill Hodges rafla deux riot-guns, une carabine au râtelier d'armes et une besace de cartouches. Puis il se précipita vers le couloir.

— Yassira!

La Libanaise apparut en robe d'hôtesse, hiératique, un sourire un peu crispé sur son visage sensuel.

— On s'en va! annonça Bill Hodges.

— Où?

— Tu verras bien!

Bambé tremblait de tous ses membres. Elle s'accrocha à Malko.

— Ne me laissez pas!

Il l'entraîna vers la Range Rover. Après y avoir déposé les armes, il attendit impatiemment. Que faisait Bill? Les minutes s'écoulaient. Il guettait anxieusement le sentier menant à la piste pour Freetown, seule voie d'accès à la maison de l'Irlandais. Intrigué par son absence prolongée, il retourna à la maison. Pour se heurter à une Yassira en larmes, les vêtements déchirés, les cheveux défaits, poussée par l'Irlandais, les taches de son visage plus rouges que jamais.

— Cette salope était en train de filer par la plage! fit-il sobrement. Elle aime pas les voyages...

La Libanaise s'accrocha à Malko.

— Je vous en prie, laissez-moi ici, je ne veux pas partir avec lui, il est fou... Je veux retrouver mon mari. Il m'a enlevée.

Une énorme gifle la fit taire. Bill Hodges manquait décidément de galanterie. Il jeta Yassira à l'intérieur de la Range Rover comme un paquet, sous l'œil réprobateur de Malko.

— Pourquoi ne la laissez-vous pas partir?

L'Irlandais éclata d'un rire joyeux en démarrant.

— Je vais la revendre, cette salope! Il y a bien un Libanais qui me la reprendra.

Bambé lui glissa un coup d'œil admiratif. Enfin un Blanc qui savait parler aux femmes. En Afrique, il était courant de voir une femme se faire traîner par les cheveux en public par son mari ou son amant.

Malko sursauta :

— Bill, regardez!

Deux phares venaient droit sur eux. Un véhicule approchait à toute vitesse sur le sentier, seul itinéraire de fuite. De l'autre côté, c'était la plage...

*
**

— *Bloody shit!*

Bill Hodges partit en marche arrière, arrachant la moitié de la clôture qui séparait le sentier de la plage, passa en première et accéléra.

– On va voir si c'est vraiment une tout-terrain! fit-il. Accrochez-vous.

Malko se retourna. Le véhicule de leurs poursuivants n'était plus loin. Soudain, la Range Rover parut s'enfoncer dans le sable et ralentit brutalement.

Les mâchoires serrées, ses tatouages déformés par les muscles noués par l'effort, Bill Hodges fit rugir le moteur, jouant avec son crabot et ses vitesses.

– Saint-Patrick. Putain de bordel de Dieu! gronda-t-il. Ne me laissez pas tomber.

Avec une lenteur exaspérante, la Range commença à glisser de côté, reprenant un peu de vitesse. Gagnant mètre par mètre. Mais cela ne suffisait pas. L'autre voiture n'était plus qu'à trente mètres.

Bill lança un des shot-guns à Malko.

– Retardez-les!

Malko prit l'arme, sauta à terre en faisant monter une cartouche dans la chambre. Il était temps. Une autre Range blanche les rattrapait. A son premier coup de feu, elle s'arrêta. Deux hommes bondirent à terre, lâchèrent plusieurs rafales, se dissimulant ensuite derrière les buissons. Malko vida les huit cartouches au jugé sans trop d'illusions. A cette distance la décharge d'un riot-gun pouvait tout juste briser le pare-brise.

La Range Rover rouge avait parcouru vingt mètres. Il la rejoignit en courant.

– Bravo, fit Bill Hodges.

Les roues avant mordirent dans un sol plus ferme et il tourna à droite, s'enfonçant dans un petit bois clairsemé, zigzaguant entre des troncs énormes.

– On est tiré d'affaire! exulta Bill Hodges.

Il prit de la vitesse et les phares de l'autre Range disparurent derrière le rideau d'arbres.

Malko commençait à se détendre lorsque l'avant de la Range plongea brutalement dans un énorme éclaboussement. Bill Hodges jura, donna un violent coup de volant, mais ne put éviter la fondrière dissimulée par des feuilles de bananier pourries. Avec un « floc » sourd, la Range s'enfonça jusqu'aux moyeux et s'immobilisa, moteur calé.

— *Son of a bitch!* hurla Bill Hodges.

Il sauta à terre, inspectant les dégâts, aussitôt rejoint par Malko.

— On peut s'en sortir avec le treuil, fit l'Irlandais, mais ça va faire du bruit et attirer les autres.

— Attendons, suggéra Malko.

L'Irlandais éteignit les phares. Tapis dans l'ombre, ils entendirent l'autre Range faire hurler son moteur pour se dégager du sable, puis partir en longeant le bois où ils se trouvaient. Ses occupants devaient être persuadés qu'ils étaient déjà loin. Quand le silence fut retombé depuis un bon moment, Bill Hodges prit le câble enroulé sur le treuil de l'avant et commença à le tirer, pour l'accrocher à un arbre. Une demi-heure plus tard, ils n'avaient pas bougé d'un centimètre. A chaque traction, la Range s'enfonçait un peu plus...

— Il faut y aller avec des pelles, dit l'Irlandais. Creuser sous les roues et mettre des branches. Sinon, on sera encore là demain matin.

*
**

Karim Labaki n'avait plus la tête au jeu et cette distraction venait de lui coûter quatre mille dollars. Le ministre de l'Intérieur qui, lui, avait gagné quatre ans de salaire sur un seul coup, se versa une large rasade de Gaston de Lagrange, et commença à réchauffer le verre ballon entre ses gros doigts.

— On continue?

Karim Labaki n'eut pas le temps de répondre. Un des Palestiniens s'encadrait dans la porte du salon de jeu... lui adressant un signe discret. Aussitôt, le Libanais se leva et le rejoignit.

— Nous avons trouvé Forugi, annonça le Palestinien.

— Vivant?

— Oui, mais abîmé.

— Où est-il?

— Dans le garage.

Il le suivit. Les Palestiniens avaient allongé Hussein Forugi à même le ciment, sur le côté. Karim Labaki vit son dos déchiré et comprit ce qu'on lui avait fait... L'Iranien entrouvrit les yeux et gémit. Il paraissait vraiment mal en point. Labaki se retourna vers ses hommes.

— Laissez-nous. Gardez le garage.

Il se pencha vers le blessé.

— Que s'est-il passé?

Par bribes, Hussein Forugi lui raconta son odyssée, en n'omettant rien. Le Libanais l'écoutait, impassible, contenant sa rage. Il donna une petite tape sur l'épaule d'Hussein Forugi.

— Ça va, on va te soigner.

A la sortie du garage, il dit quelques mots au chef des Palestiniens. Celui-ci prit dans la Range blanche la corde qui avait servi à attacher l'Iranien. Avec un autre de ses hommes, il la passa autour du cou d'Hussein Forugi. Puis ils se mirent à tirer chacun de leur côté, prenant appui sur les épaules de l'Iranien, l'étranglant brutalement.

Hussein Forugi ne lutta que quelques secondes. Trop faible pour glisser ses doigts entre la corde et son cou. Son visage noircit, il eut quelques hoquets et mourut en griffant le ciment de ses ongles.

Le Palestinien dénoua alors la corde et la remit dans la voiture.

— Des criminels se sont emparés de notre ami iranien Hussein Forugi, et l'ont torturé avant de l'assassiner, expliquait Karim Labaki au ministre de l'Intérieur. J'avais été alerté tout à l'heure. Mes hommes viennent de ramener le corps.

Furieux d'interrompre son poker, le ministre lança :

— Je vais prévenir Sheka Songu immédiatement. Vous avez des soupçons?

— Plus que des soupçons. Le corps a été retrouvé dans le jardin de Bill Hodges, le mercenaire... Venez le voir.

De mauvaise grâce, le ministre le suivit dans le garage. Il n'examina que quelques secondes le cadavre de Forugi.

— C'est absolument dégoûtant, dit-il. Je vais donner des ordres pour que le CID recherche immédiatement les coupables.

— Ils sont partis à bord de sa Range Rover rouge, précisa le Libanais, probablement avec un autre homme. Un Blanc, agent des Services américains, un mercenaire lui aussi...

Le mercenaire, c'était la bête noire de tous les Africains...

Le ministre regarda sa montre.

— Bon, mon cher ami, je m'en occupe sur-le-champ, mais nous finissons quand même le coup...

Il avait un full aux rois et il y avait un million de leones sur la table... Ils regagnèrent leurs places. Karim Labaki demanda deux cartes. Il avait gardé une paire d'as. Il toucha un troisième as et deux 10. Son premier geste fut de faire tapis.

Il se retint, voyant la sueur sur le front du ministre.

— Je passe, fit-il, en jetant ses cartes.

— Tapis, lança le ministre.

Il étala son jeu. Aucun des deux autres Libanais n'avait plus d'une paire. Avec un gros rire heureux, il ramassa la mise. D'un regard, Labaki glaça les autres Libanais qui voulaient continuer. Il se leva, donnant l'exemple.

— Il faut laisser le ministre faire son travail, fit-il.

Gravement, le ministre de l'Intérieur approuva.

— Je vais faire établir des barrages partout, à l'aéroport, sur les routes, aux postes-frontières. Il faut arrêter ces mercenaires. C'est la plaie de l'Afrique.

Labaki le raccompagna jusqu'à sa Mercedes. Une voiture qu'il lui avait offerte, d'ailleurs, comme au président... Avec sa mallette pleine de leones, il allait avoir du cœur à l'ouvrage... Karim Labaki rentra chez lui, vérifiant au passage que ses Palestiniens veillaient aux points stratégiques. Il appela le chef.

— Fais attention, surtout cette nuit. Il est possible que nous soyons attaqués. N'hésitez pas à tirer.

Il se retira dans son bureau, mit une cassette vidéo dans son magnétoscope Samsung, s'installa dans un profond fauteuil et alluma un cigare.

Il avait fallu une heure et demie d'efforts pour dégager la Range embourbée! Bill Hodges venait de jaillir du bois pour se lancer sur la piste de Freetown, moteur à fond, slalomant entre les trous énormes.

— Où allez-vous? demanda Malko.

Bill Hodges ricana.

— Bonne question. Je n'en sais foutre rien.

— Je dois prévenir Jim Dexter, dit Malko. A cette heure-ci, il doit être chez lui.

— Alors, direction Signal Hill, conclut l'Irlandais. Ensuite, on pourra rendre une petite visite à Labaki. Récupérer vos deux gus.

— Je ne sais pas, fit Malko. Ce qui vient de se passer prouve qu'il est alerté. Les Iraniens n'agiraient pas directement. Donc, il est sur ses gardes. Le chauffeur de Forugi a dû se précipiter chez lui. Il vaut mieux faire d'abord le point avec Jim Dexter.

*
**

La Range Rover franchit le pont en fer enjambant Lumley Creek et s'engagea sur la route montant vers les collines du quartier résidentiel. Malko avait rechargé le shot-gun posé sur ses genoux, mais l'autre Range ne s'était pas montrée.

Yassira n'avait plus ouvert la bouche et Bambé, tassée sur son siège comme un animal, semblait dormir. Malko aperçut enfin le grand building perché au bord de la route où résidaient les Américains de l'ambassade et, juste derrière, la villa de Jim Dexter.

La Range Rover s'engagea dans le raidillon, contournant le building pour arriver par-derrière. Les phares éclairèrent le portail de la villa de Jim Dexter. Une voiture bleue était garée devant, portant le sigle SLP (1) peint en lettres blanches sur sa portière.

(1) Sierra Leone Police.

Bill Hodges jura et donna un brusque coup de volant.

– *Shit!* Les flics!

Trente secondes plus tard, ils dévalaient Signal Hill. Malko était atterré. Que s'était-il passé pour que la police officielle surveille la maison du responsable de la CIA...

– Où on va? demanda Bill Hodges.

Malko était en train de faire tourner son cerveau à 100 000 tours, examinant les diverses possibilités. L'ambassade était exclue, les diplomates n'aimaient déjà pas la CIA, mais quand ses agents étaient en difficulté, cela devenait de la haine... Rugi avait disparu. Le *Mammy Yoko* devait déjà être surveillé. Il ne restait pas grand-chose.

– Je connais peut-être un endroit, suggéra soudain Bambé d'une voix timide.

– Où?

– Chez Kofi, le propriétaire du restaurant de la maison rouge dans Pademba Road. Une de ses femmes appartient à la même « Bondo Society » que moi... Et si vous pouvez lui donner un peu d'argent, il acceptera sûrement de nous aider.

– Allons-y!

Ils redescendirent vers le centre. Les rues de Freetown étaient désertes. Bill Hodges remonta Pademba Road à tombeau ouvert. Le portail de la cour attenante à la maison de bois abritant le restaurant était ouvert. Bill s'y engouffra et se gara dans la cour. Il referma ensuite les deux vantaux. La Range rouge était ainsi invisible de la rue...

– Venez avec moi, dit Bambé à Malko.

Il la suivit et ils furent accueillis par une fille longiligne et languissante qui portait un anneau

d'or dans le nez. Conciliabule à voix basse entre
les deux Noires. Celle à l'anneau disparut pour
revenir avec un Noir très grand coiffé d'une sorte
de chapeau-claque en tissu, vêtu à l'Africaine avec
beaucoup de recherche. Il avait des traits délicats,
une barbiche et des yeux pétillants d'intelligence.
Il tendit à Malko une main fine, aux ongles très
longs, comme ceux d'une femme.

— Bonsoir, je suis heureux de pouvoir vous
venir en aide. Je n'aime ni les Libanais ni les
Iraniens, ce sont des doctrinaires dangereux.

— Vous pouvez nous abriter cette nuit?

— Certainement. J'ai une grande pièce au
second étage que je réserve à mes amis de passage.
Nous vivons tous dans cette maison, mes sept
épouses et moi.

— Vous êtes musulman?

Le Noir secoua la tête en souriant.

— Non. Pourquoi faudrait-il être musulman
pour vivre avec plusieurs femmes? J'ai parcouru le
monde, de la Floride à la Tanzanie. J'ai rencontré
des femmes un peu partout et je les ai gardées.
Vous êtes les bienvenus.

— Et la voiture?

— Je vais la dissimuler dans un garage. Vous
avez dîné?

— Non.

— Alors venez.

Il disparut. Bambé accrocha Malko par la
manche.

— Il veut mille dollars, dit-elle.

Cela rendait l'accueil plus logique. Malko
compta les billets de cent dollars, puis les déchira
en deux.

— Tu lui donnes la moitié maintenant, fit-il.
L'autre moitié quand nous partirons.

Bambé sourit. Voilà un Blanc qui ne se laissait
pas faire... Il valait mieux éviter que Kofi ne soit

tenté de gagner deux mille dollars en les trahis-
sant.

**
*

On n'entendait que le bruit des cuillères contre
la porcelaine des bols. Kofi et ses femmes regardaient les deux Blancs et leurs compagnes, tous
assis sur des nattes, se restaurer d'un *clam chow-
der* très épicé où flottaient des morceaux de
langouste. Peu d'éclairage, des lampes rouges et
quelques bougies. Même Bill s'était détendu...
Deux des femmes de Kofi étaient superbes,
moulées dans des garas qui dessinaient des formes
admirables.

L'Irlandais en avait les yeux hors de la tête.
Yassira faisait la gueule devant toutes ces femel-
les... Kofi, qui présidait, ne la quittait pas des
yeux.

— Venez, fit-il, quand ils eurent fini.

Il les mena à l'étage supérieur dans une grande
pièce où se trouvaient une demi-douzaine de lits
de camp. Les volets de bois étaient fermés et il
régnait une chaleur accablante... Malko se laissa
tomber sur un des lits et, aussitôt, Bambé prit le
lit voisin. Bill se plaça près de la porte, Yassira
mettant un lit entre elle et lui. Kofi leur adressa
un petit signe amical.

— Bonne nuit.

Curieuse pension de famille.

Malko se mit à réfléchir. Fichue situation. Il
était coincé, traqué par les tueurs du Libanais et
par la police de Sierra Leone. Avant tout, il fallait
prévenir la CIA. Puis, si possible, intervenir
contre les deux Chiites hébergés par Karim
Labaki.

Une opération à hauts risques qu'il était pourtant obligé de mener.

Peu à peu, les bruits de l'extérieur s'estompaient. Freetown dormait. Malko se dit que c'était le moment de tenter un contact avec Jim Dexter. Le lendemain, il serait peut-être trop tard... or, il restait moins de quarante-huit heures avant l'attentat projeté... Il se leva doucement, mais Bill veillait. L'Irlandais se dressa devant lui.

— Où allez-vous?

— Essayer de voir Jim Dexter.

— A pied? Vous saurez retrouver Signal Hill?

— Bien sûr.

Sa sacoche à la main, Malko descendit l'escalier qui craquait. Il se retourna : Bambé le suivait.

— Je vais avec toi...

— Non.

— Si. J'ai peur sans toi.

Elle avait adopté le tutoiement africain. Sentant qu'il n'arriverait pas à la dissuader, il y renonça et ils se glissèrent dans Pademba Road déserte.

CHAPITRE XV

Malko arriva au bas du sentier défoncé menant à la villa de Jim Dexter. Vingt-cinq minutes de marche forcée. Bambé trottinant derrière lui, comme un chien fidèle. Elle l'avait fait couper à travers les collines couvertes de jungle, évitant les grandes avenues. Le silence était absolu, à part quelques cris d'oiseaux de nuit. Dissimulé dans les fourrés, Malko observa la grille de la villa.

La voiture de police avait disparu mais un soldat, G3 à l'épaule, somnolait, appuyé à la grille. Pas question d'entrer sans être vu.

Bambé se pencha à l'oreille de Malko.

– Ne bouge pas. Laisse-moi faire.

Sans un bruit, elle s'enfonça dans le sous-bois, s'éloignant en direction du grand immeuble voisin où demeuraient les Américains de l'ambassade.

Quelques minutes plus tard, Malko vit Bambé surgir le long du building. De son poste, le soldat devait avoir l'impression qu'elle en sortait. Elle traversa la petite place ronde sans se presser, à une dizaine de mètres de la sentinelle.

Celle-ci s'ébroua, fit glisser son fusil de son épaule et héla la jeune Noire. Bambé s'approcha docilement de lui et ils engagèrent la conversation. Malko ne pouvait entendre ce qui se disait, mais le rire de Bambé le rassura. Le soldat avait remis son fusil d'assaut à l'épaule et tournait autour d'elle comme un chat autour d'un canari.

Bambé sautillait sur place pour esquiver ses avances de plus en plus audacieuses. Finalement, il posa son fusil d'assaut et parvint à enlacer Bambé. Elle se débattit mollement, le soldat essayait de l'embrasser, ils chahutaient en riant. Finalement, le soldat prit Bambé par la main et l'entraîna vers un bosquet, à l'opposé de l'endroit où se trouvait Malko.

Celui-ci attendit quelques secondes puis traversa le sentier en courant, escalada la grille, retomba dans le jardin et fonça à la porte d'entrée de la villa. Il écrasa la sonnette, le cœur battant. Pourvu que l'Américain soit là...

Quelques instants plus tard, une lumière s'alluma à l'intérieur et la voix de Jim Dexter demanda à travers le battant :

– Qui est là?

– Malko!

La porte s'ouvrit instantanément sur le chef de Station de la CIA, en pantalon de pyjama, un Beretta automatique au poing, ébouriffé, les yeux gonflés. Il fixa Malko avec un mélange de stupéfaction et de soulagement.

– *My God!* Je vous croyais en prison.

– Que s'est-il passé? demanda Malko. Pourquoi les Sierra Leonais vous surveillent-ils?

– A cause de vous, répliqua l'Américain. Le ministre de l'Intérieur est un copain de Labaki. Il vous a accusé d'être un mercenaire. C'est le flic venu ici qui me l'a dit.

Il l'emmena dans le living et Malko commença son récit. L'Américain se mit à prendre fébrilement des notes.

– Où sont ces deux Chiites? demanda-t-il.

– Chez Karim Labaki, je pense.

— Vous n'avez toujours pas leur signalement ou le numéro de leurs passeports?

— Non. L'un d'eux est l'homme de la photo, Nabil Moussaoui.

— Je vais transmettre toutes ces informations à Abidjan en priorité et à toutes les Stations. Mais il faudrait neutraliser ces terroristes avant leur départ.

— Cela va être difficile, dit Malko. Surtout si les Sierra Leonais s'en mêlent.

— On a perquisitionné dans votre chambre au *Mammy Yoko,* annonça l'Américain. Sheka Songu a refusé de me prendre au téléphone. C'est mauvais signe. Et puis la mort d'Hussein Forugi n'a rien arrangé.

Malko sursauta.

— Il est mort! Qui l'a tué?

Le chef de Station lui jeta un regard surpris.

— Apparemment Wild Bill. Je vous ai dit qu'il était difficile à contrôler.

— C'est un mensonge! corrigea Malko, il était vivant quand nous avons quitté Lakka. Un peu abîmé, mais en parfaite santé. Ce sont les autres qui l'ont assassiné pour nous faire porter le chapeau...

L'Américain alluma une cigarette. Nerveux.

— Je vous crois et je le mettrai dans mon rapport. Mais c'est vous qui l'avez enlevé et vis-à-vis des Sierra Leonais, c'est vous qui l'avez tué. Maintenant, quel est votre plan?

— Avant tout, il me faut une voiture. La Range rouge de Bill est trop repérable. Ensuite, je vais réfléchir à une façon astucieuse d'attaquer Labaki.

— Retrouvons-nous demain matin à dix heures au *City Hotel,* dans le centre, proposa Jim Dexter. Il n'y a jamais personne. A pied, vous risquez moins de vous faire repérer si vous ne venez pas rôder près de l'ambassade. Je vous apporterai une voiture et de l'argent. Comment allez-vous repartir maintenant?

– Bonne question! fit Malko. Je pensais filer par l'arrière de votre jardin.

La sentinelle devait être revenue à son poste.

– Je vous raccompagne, proposa l'Américain. Le soldat pensera que vous êtes un invité. Il ne vous a pas vu entrer...

La sentinelle avait effectivement repris sa faction. Jim Dexter baissa sa glace et lui lança :

– Ça va chef?

– Ça va! fit le Noir.

Sans même jeter un coup d'œil à Malko. On lui avait demandé d'intercepter les gens qui entraient, pas ceux qui sortaient.

L'Américain lui glissa un billet de 20 leones dans la main.

– Bonne nuit.

Où était Bambé? Ils descendirent le sentier menant à la route de Signal Hill et, cent mètres plus loin, l'aperçurent s'éloignant à pied. Jim Dexter stoppa juste le temps de la récupérer.

– Ça va bien? demanda la jeune femme.

– Parfait, dit Malko. Tu as été formidable.

Cinq minutes plus tard, Jim Dexter les déposa à Pademba Road, repartant aussitôt. Bambé semblait ravie de s'être sacrifiée.

– Qu'est-ce que tu as dit au soldat pour qu'il ne se méfie pas? demanda Malko.

– Que j'étais chez un Blanc. Alors il a voulu me faire *fucky-fucky*...

Ses yeux pétillaient d'une joie innocente... Elle se hâta de compléter :

– Il avait trop envie, et je me suis amusée avec

son *pricky,* c'est tout. Mais il était content quand même...

Ravissante petite garce... Elle monta devant Malko les marches de bois de la vieille maison et s'arrêta soudain, un doigt sur les lèvres : le pouls à 150, Malko sortit son Colt et avança à son tour. Deux silhouettes barraient le palier. Il entendit des souffles courts, des halètements, comme des gens qui se battent. Ses yeux s'habituèrent à la pénombre et il découvrit ce qui se passait. L'ampoule rouge du plafond éclairait un homme et une femme. Etroitement enlacés.

La femme était Yassira. Appuyée à la rampe branlante, une jambe posée sur une chaise, elle subissait l'assaut de Kofi le Ghanéen. Régulier comme un métronome, il entrait et sortait de son ventre, la tenant aux hanches. Malko devina dans la lumière rougeâtre ses dimensions exceptionnelles et comprit instantanément l'attrait qu'il exerçait sur ses sept épouses. La Libanaise semblait aux anges, la tête rejetée en arrière, la bouche ouverte, retroussée jusqu'aux hanches.

Kofi tourna la tête, aperçut Malko et lui adressa un sourire angélique et plein de douceur. Sans cesser de besogner sa partenaire...

Malko et Bambé se glissèrent derrière eux. Yassira ne sembla même pas s'apercevoir de leur présence... Bambé pouffait encore quand ils atteignirent leur dortoir. Un ronflement sonore les accueillit. L'ampoule rouge éclairait une bouteille de J & B vide, à côté de l'Irlandais étendu sur le dos comme un cadavre. Pourvu qu'il ne se réveille pas... Malko regagna son lit de camp et s'allongea.

Quelle soirée...

Quelques minutes plus tard, il entendit des gémissements étouffés venant du palier. Puis le silence retomba et Yassira se glissa dans la pièce pour s'allonger sagement, non loin de son amant officiel... Malko allait s'endormir quand Bambé se coula contre lui. Elle avait ôté son gara et sa peau était brûlante.

Sans un mot, elle commença à frotter doucement contre lui son corps inouï de fermeté. Malko caressa la courbure de sa croupe et elle se cambra aussitôt, comme une chatte. En atteignant son ventre, il découvrit que les ébats de Kofi et de Yassira ne l'avaient pas laissée indifférente. Sa respiration était saccadée et son bassin agité de petites secousses. Ses jambes s'écartèrent lentement et elle attira Malko sur elle, poussa un petit cri lorsqu'il la pénétra d'une poussée grandement facilitée par son état. Puis, s'accrochant des deux mains aux montants métalliques du lit, elle se mit à onduler sous lui, frottant ce qui restait de son clitoris partiellement amputé lors de son initiation de sa *Bondo Society*.

Jusqu'à ce qu'un spasme violent la secoue. Ses jambes se refermèrent dans le dos de Malko et elle l'attira encore plus, écrasant sa poitrine ferme sur lui.

Malko eut la sensation de transpercer Bambé jusqu'au cœur lorsqu'il la cloua d'un ultime coup de rein, en se déversant en elle...

C'est en redescendant sur terre que Malko aperçut Yassira qui les regardait fixement, une main enfouie entre ses jambes.

Bambé regagna son lit. La récréation était finie. Malko demeura dans le noir, le cœur battant la chamade, ivre de chaleur, le cerveau en ébullition. Les prochaines heures allaient être décisives. Les informations qu'il avait pu transmettre à la CIA étaient certes de première importance. Seulement, sa mission ne serait réussie que s'il interceptait les deux terroristes chiites... Et ça n'allait pas être une promenade de santé.

*
**

A chaque seconde, Malko s'attendait à voir
surgir un policier. Dieu merci, dans le centre de
Freetown, les Libanais pullulaient et il passait
inaperçu... Par prudence, il avait laissé Bill Hodges et les deux femmes chez Kofi.

La sacoche contenant le Colt 45 à l'épaule,
Malko s'arrêta au coin de Wilberforce Street et de
Johnny Street, sous l'enseigne de la Société Com-
merciale de l'Ouest Africain, (SCOA), le plus
ancien comptoir de cette compagnie en Afrique. Il
examina les alentours. Aucun barrage de police,
aucune activité inhabituelle. En face de lui se
dressait un gros bâtiment blanc de deux étages
entouré d'un jardin en friche où s'étalait un
éventaire de bibelots africains. La peinture s'écaillait et les tôles ondulées du toit étaient rougies par
la rouille. Tout ce qui restait du *City Hotel*, jadis
le plus élégant de Freetown.

Malko traversa le jardin, monta le perron et
pénétra dans le bar. Une pièce poussiéreuse avec
quelques affiches vieilles de cinquante ans... Un
vieux Blanc ratatiné officiait derrière le grand
comptoir en demi-lune. Unique consommateur :
un autre Blanc qui semblait sortir tout droit d'un
roman de Somerset Maugham avec son costume
clair froissé et son panama jaunâtre. Malko s'installa au bar. Trente secondes plus tard, Jim
Dexter y entrait à son tour. Il semblait nerveux et
se retourna à plusieurs reprises.

— Il ne faut pas rester ici, lança-t-il. La Special
Branch du CID vous recherche. Sheka Songu m'a
dit que vous deviez quitter la ville. Une 505
blanche est garée en face de la station Esso, à
droite en sortant. Prenez-la et tâchez de gagner le
Liberia. La Station de Monrovia vous aidera.

— Et Karim Labaki?

L'Américain eut un geste fataliste.

— Tant pis. On ne peut pas faire de miracle. Les risques sont trop élevés.

Il posa les clefs sur le bar, serra la main de Malko et sortit. Cela ressemblait à l'évacuation de Saïgon. Malko avait déjà remarqué que les Américains s'affolaient facilement... Il termina sa vodka pour se donner le temps de réfléchir. Il lui répugnait de partir ainsi en laissant deux terroristes dans la nature. Mais comment entrer chez le Libanais?

Il n'avait pas encore répondu à cette question lorsqu'il quitta le bar. Au moment où il traversait Wilberforce Street, il aperçut deux hommes sortant d'une vieille voiture. L'un d'eux était Eya Karemba, l'autre le policier du CID à la saharienne...

Hâtant le pas, il se dirigea vers la 505 blanche garée dans Johnson Street. Il engageait la clef dans la serrure lorsque les deux hommes tournèrent le coin.

Eya Karemba marchait en tête. Apercevant Malko en train de monter dans la voiture, il se mit à courir, avec des enjambées immenses... Malko hésita. Il y avait trop de passants pour une bataille rangée... S'engouffrant dans la voiture, il tourna le contact. Le moteur ronfla aussitôt, mais il était obligé de faire une marche arrière pour se dégager.

Il heurta violemment la voiture qui se trouvait derrière lui. Dans le rétroviseur, il aperçut Eya Karemba qui s'arrêtait. Tirant un gros pistolet de sa ceinture, le policier noir tendit le bras, le visant soigneusement. Son compagnon arrivait à la rescousse, lui aussi une arme à la main... Malko se souvint de ce qu'avait dit Bill Hodges. C'était un tireur d'élite. D'un coup de volant, il arracha la

505, mais comprit qu'il n'aurait pas le temps de s'éloigner.

Une détonation claqua, la lunette arrière vola en éclats, imitée une fraction de seconde plus tard par le pare-brise qui explosa à l'extérieur sous l'impact du projectile. Le rétroviseur lui renvoya l'image du policier noir l'ajustant soigneusement et il se dit qu'il allait mourir.

CHAPITRE XVI

Malko plongea à l'extérieur de la 505 par la portière ouverte, au moment où le second projectile tiré par Eya Karemba fracassait le rétroviseur. Il roula sur lui-même, tirant le Colt 45 de sa sacoche et l'armant du même geste.

Le policier noir arrivait en courant. Il aperçut Malko à terre et le crut blessé. Il s'arrêta et le prit dans sa ligne de mire pour l'achever.

Cette erreur de jugement sauva la vie de Malko. Il allongea le bras, visant le Noir, et tira.

Une fraction de seconde avant Karemba. Une tache rouge apparut sur le front du policier, qui éclata sous l'impact, projetant des morceaux de chair et d'os. Il tomba en arrière, appuyant sur la détente de son pistolet nickelé. Le projectile du Colt de Malko traversa son crâne, et ressortit par la nuque, emportant un bon morceau de cerveau et des débris de boîte crânienne... Malko s'était déjà relevé d'un bond. Tapi derrière une voiture, le second policier en saharienne tira et le manqua. Malko plongea au volant de la 505. Des gens couraient dans tous les sens; au contraire, des enfants s'approchaient, intrigués par les coups de feu. Malko tira au jugé, à travers les débris de la lunette arrière.

Effrayé, le policier en saharienne s'abrita

derrière une voiture en stationnement, permettant à Malko de prendre du champ. Zigzaguant dans la circulation, il atteignit le carrefour de Rawdon Street. Une balle fracassa le coffre qui s'ouvrit. Presque aussitôt, une odeur d'essence se répandit dans la 505. Le réservoir était touché...

Malko remonta Rawdon Street, et tourna dans Siaka Stevens, filant vers le palais de Justice. Personne ne le suivait, mais sa voiture attirait l'attention, avec son coffre ouvert, son pare-brise et sa lunette arrière en miettes. Heureusement qu'on était en Afrique... Alors qu'il atteignait le cotton-tree, il y eut un « plouf » sourd à l'arrière de la 505. Des flammes rouges jaillirent de sous la voiture.

Malko écrasa le frein et s'éloigna en courant. Il n'avait pas parcouru cent mètres dans Pademba Road qu'une explosion secoua le quartier. Il se retourna : une colonne de fumée noire montait de Siaka Stevens. Les gens se précipitaient vers le lieu de l'explosion, ne lui prêtant aucune attention. Il ralentit sa course, en proie à des pensées pas vraiment gaies.

La CIA ne lui fournirait pas un second véhicule et il avait abattu un policier du CID. Même si ce dernier agissait pour le compte de Karim Labaki, le Libanais... Malko allait se faire tirer à vue. Il revit le cadavre horriblement mutilé d'Eddie Connolly et ne regretta pas son coup au but. Mais les vrais problèmes commençaient. Pademba Road lui paraissait interminable et sa chemise était collée à ses épaules par la transpiration.

Bill Hodges allait être déçu : le problème n'était plus d'attaquer Karim Labaki, mais de sortir vivant de Freetown.

**
**

Dans les moments graves, Wild Bill Hodges retrouvait tout son calme. Mâchonnant une allumette, il avait écouté le récit de Malko sans se troubler. Kofi, le Ghanéen, était invisible et ils se sentaient en sécurité dans la pièce aux volets clos. La Range Rover avait disparu... A l'abri. Dans une ville où il n'y avait ni taxis ni voitures de location, ce n'était pas une situation d'avenir...

– Il faut trouver une voiture, dit Malko.

L'Irlandais approuva chaudement.

– On va en voler une...

– Où?

– Devant le *Gem*. Il y a toujours des types qui viennent changer de l'argent chez le Libanais. Ils laissent leur voiture en double file, avec la clef dessus. J'y vais. Vous êtes trop repéré. Attendez-moi ici... Et empêchez cette salope de Yassira de se tirer.

Yassira baissa la tête. Son visage tiré rappelait ses ébats amoureux de la nuit. Quant à Bambé, occupée à peler des oranges pour préparer du jus, elle semblait vivre tout ça très bien. Wild Bill ne garda que son vieux parabellum et disparut avec une audace incroyable... Malko le vit monter dans un poda-poda qui passait. Priant pour qu'il ne se fasse pas coincer.

Il compléta le chargeur du Colt 45. Pensant à la tête éclatée de Karemba. On commençait à régler les comptes. Le tueur du Libanais et Hussein Forugi avaient payé. Maintenant, il devait s'attaquer aux terroristes.

*
**

– On y va!

Bill Hodges avait surgi, en haut de l'escalier, congestionné, couvert de sueur. Il regarda autour de lui. Yassira avait disparu. Malko ne s'en était même pas rendu compte.

L'Irlandais vira au violet.

– Où est-elle, cette salope?

– En bas, fit Bambé. Elle ne veut pas partir...

Wild Bill dégringolait déjà l'escalier. Ce n'était vraiment pas le moment de faire des scènes de ménage... Malko rattrapa l'Irlandais au moment où celui-ci s'apprêtait à dévisser la tête de Yassira et les sépara. Ecarlate, l'Irlandais n'abandonnait pas ses mauvaises intentions.

– Je vais lui casser toutes les dents.

Kofi surgit soudain et s'interposa. De sa voix douce, il s'adressa à l'Irlandais.

– Votre amie désire rester ici... Il vaut mieux l'y laisser. Il ne faut jamais forcer les gens à faire ce qu'ils ne veulent pas.

Malko crut un moment que l'Irlandais allait lui faire sauter la tête. Mais Bill Hodges se calma d'un coup. Frottant furieusement ses tatouages comme pour les faire disparaître, il grommela :

– Si cette morue veut rester, après tout, qu'elle crève! On aurait pu s'en servir comme bouclier. Bon, on y va...

Malko échangea un regard avec Kofi. Le Noir était impassible, arborant un léger sourire. Si Malko n'avait pas assisté à la scène de la nuit, il aurait pu croire à la fable du Bon Samaritain... Ils traversèrent la cour. Yassira et le Ghanéen les regardaient partir. Celui-ci semblait comblé : il venait de conquérir sa huitième épouse...

Wild Bill monta dans ce qui avait été une Volvo

jaune qui semblait ne plus tenir que par la peinture... Le hayon arrière restait fermé grâce à des fils de fer et les pneus avant étaient aussi lisses que la joue d'un bébé. L'Irlandais prit le volant recouvert de fourrure synthétique, après avoir jeté à l'arrière un sac contenant les armes.

Dès que le moteur tourna, le malheureux véhicule se mit à trembler comme un paludéen tandis qu'un épais panache de fumée noire s'échappait de l'arrière. Le diesel faisait le bruit d'une vieille machine à coudre.

— J'ai pas eu le temps de choisir, s'excusa l'Irlandais.

Avec ça, ils ne risquaient pas de passer inaperçus. Au moment d'y prendre place, Malko se tourna vers Bambé.

— C'est trop dangereux. Tu vas rester ici?

La Noire secoua la tête.

— Non, je vais avec toi...

D'un bond elle prit place à l'arrière et se recroquevilla sur la banquette. Malko ne pouvait quand même pas la jeter dehors de force. Il monta à son tour et Bill Hodges passa la première.

— Maintenant qu'on a une voiture on va aller jusqu'à Station Hill, proposa-t-il et on terminera à pied. Jamais les gardes palestiniens ne laisseront approcher ce débris. Il faudra passer par-dessus le mur qui clôture le parc en contrebas de la piscine. C'est un peu acrobatique, mais c'est l'endroit le moins gardé.

Malko ne répondit pas : ils se lançaient dans une folle entreprise. Karim Labaki disposait de gardes du corps et avait la possibilité d'appeler la police. Même s'ils réussissaient leur mission et s'emparaient d'une des Mercedes de Labaki, leur sort ne serait guère enviable. Malko, en dépit des risques, s'était rallié à l'idée de ne pas quitter Freetown sans tout avoir tenté pour neutraliser les deux terroristes. Bill Hodges devait ruminer les mêmes sombres pensées car il ne desserrait plus les lèvres. La Volvo les amena cahin-caha jusqu'à l'unique feu de la ville, en face du building « chinois ». Ils stoppèrent au rouge à côté d'une superbe Mercedes grenat aux vitres teintées, avec une plaque SLO (1), conduite par un chauffeur en livrée...

— Tiens, c'est la voiture du vice-Premier ministre, remarqua l'Irlandais.

Malko revit soudain le chauffeur qui avait proposé la Mercedes de son patron ministre, comme poda-poda, devant l'ambassade US. C'était peut-être la solution à un de leurs problèmes.

— S'il est tout seul, on ne pourrait pas backchicher le chauffeur pour qu'il nous emmène chez Labaki?

Bill Hodges poussa un bramement de joie.

— *Holy Virgin!* Foutue bonne idée!

Il sauta à terre et se planta devant le capot de la Mercedes grenat.

Le feu passant au vert, les voitures suivantes se mirent à klaxonner, et le chauffeur du vice-Premier ministre dut se ranger sur le côté. L'Irlandais se pencha à sa glace ouverte, vérifia que le véhicule était vide et engagea aussitôt les négociations, observé anxieusement par Malko. D'abord, le chauffeur secoua négativement la tête... La vue du premier billet de 20 leones ralentit son mouvement. Au cinquième, il souriait. Dès qu'il eut la liasse en main, il descendit lui-même pour ouvrir la portière... L'Irlandais courut jusqu'à Malko.

— Il est pressé, il va chercher son patron qui se trouve chez le Président à Spur Road. Heureuse-

(1) Sierra Leone Official.

ment, c'est dans sa direction. Montons. Il va nous déposer.

Malko rafla le sac d'armes et prit place à l'arrière avec Bambé, tandis que l'Irlandais montait devant. La Mercedes grenat redémarra. Aussitôt son chauffeur brancha son gyrophare, prenant Hillcot Road d'assaut, doublant toutes les voitures et chassant les piétons dans le fossé... Visiblement, il voulait leur en donner pour leur argent...

A l'embranchement de King Harman Road et de Mereweather, ils aperçurent des soldats et deux jeeps formant une chicane, barrant la route.

– *Shit!* Un barrage, s'exclama l'Irlandais.

Malko sentit son estomac se contracter. Contre des soldats armés de fusils d'assaut, ils n'avaient aucune chance...

Son angoisse ne dura pas longtemps. Le chauffeur du vice-Premier ministre avait enclenché sa sirène et fonçait. Les soldats s'écartèrent respectueusement et les plus abrutis allèrent jusqu'à saluer... Malko retomba sur ses coussins. Si la situation n'avait pas été aussi tendue, il serait mort de rire...

Mais les choses ne seraient pas toujours aussi simples. Les Africains étaient très respectueux du pouvoir, mais avec des Libanais et des Palestiniens ce n'était pas la même chose... En haut de Spur Road, la Mercedes tourna dans le chemin plein d'ornières menant à la villa de Karim Labaki. Le chauffeur sifflotait, inconscient de la tension qui régnait dans le véhicule.. Pour lui, conduire des Blancs chez le richissime Libanais, c'était parfaitement dans l'ordre des choses...

Ils abordèrent la descente menant au portail. Le chemin se terminait en impasse, au bord de la falaise. Seuls ceux qui se rendaient chez Karim Labaki l'empruntaient. Malko aperçut les grands murs verts entourant la propriété. Le bruit caractéristique d'un hélicoptère lui fit lever la tête. Rien en vue. La Mercedes avait atteint la grande grille de la résidence de Karim Labaki.

De l'autre côté, Malko vit l'hélicoptère vert polonais dont les rotors tournaient déjà, juste en face de la maison, entouré de plusieurs hommes armés...

Le chauffeur, immobilisé devant la grille, donna un puissant coup de sirène, surmontant le grondement de l'hélicoptère. Les gardes palestiniens regardèrent la voiture, puis se concertèrent, indécis... Les secondes s'écoulaient, interminables. Ils étaient assourdis par le bruit des rotors... Si les Palestiniens posaient la moindre question, ils étaient cuits... Discrètement, Bill Hodges avait posé sur le plancher de la voiture un riot-gun chargé...

Le chauffeur donna un second coup de sirène. Impérieux. Malko vit un des Palestiniens faire un geste en direction de ses compagnons. Malko les examinait avec soin; aucun ne ressemblait à Nabil Moussaoui.

Deux d'entre eux, Kalachnikov à l'épaule, coururent à la grille et commencèrent à l'ouvrir sous l'œil courroucé du chauffeur qui prenait son rôle très au sérieux. La plaque officielle les rassurait. Pourtant l'un d'eux s'approcha pour parler au chauffeur. Il n'en eut pas le temps... Ce dernier avait déjà appuyé sur l'accélérateur et fonçait vers l'auvent protégeant l'entrée de la résidence.

Sans se formaliser, le Palestinien referma la grille. La voiture grenat venait de temps à autre et les vitres noires l'avaient empêché de distinguer ses occupants...

— Ça va, patron? demanda le chauffeur hilare, en se retournant.

— Parfait! dit Malko.

Un peu en contrebas, ils étaient protégés de la vue des Palestiniens. L'hélicoptère commença à s'élever dans un rugissement de tonnerre, soulevant un nuage de poussière rougeâtre. Les Palestiniens se détournèrent pour ne pas être asphyxiés.

Malko, Bill Hodges et Bambé descendirent. Le chauffeur démarrait déjà, faisant demi-tour en face du garage pour ressortir. Une douzaine de Mercedes s'alignaient dans la cour, ainsi qu'un gros camion. Malko essaya la porte. Fermée. Impossible de la forcer, elle était blindée. Il aurait fallu un bazooka...

Il appuya sur la sonnette. S'ils n'entraient pas, les Palestiniens allaient venir leur poser des questions et les ennuis commenceraient... Il attendit, le cœur battant. Le ronflement de l'hélicoptère s'éloignait au-dessus de la mer. Le chauffeur donna un coup de klaxon pour se faire ouvrir la grille. Sans se presser, un des Palestiniens s'approcha, lui fit signe de descendre sa glace et se pencha pour lui parler. Malko était trop loin pour entendre ce qu'ils disaient, mais ils étaient sur le fil du rasoir...

La porte s'ouvrit sans qu'il ait rien entendu. Il aperçut dans la pénombre deux yeux noirs, un visage mal rasé et une voix demanda en anglais :

— Qui êtes-vous?

Un Libanais, élégant dans une chemise mexicaine, l'air soupçonneux, les cheveux calamistrés. Malko aperçut derrière lui un somptueux hall en marbre de Carrare, deux grandes consoles en bois précieux de style Louis XIV faisaient face à deux sofas recouvert de soie bleue. Le tout étant visiblement l'œuvre de celui qui avait décoré le reste de la résidence : Claude Dalle.

– J'ai rendez-vous avec Karim Labaki, fit Malko.

Le Libanais le toisa.

– Cela m'étonnerait! Je suis son secrétaire particulier et je n'ai pris aucun rendez-vous ce matin. D'ailleurs Mr Labaki n'est pas là... Qui vous a laissé entrer?

Il fit un pas en avant, passant devant Malko, afin d'alerter les hommes de garde.

Juste pour se heurter au canon du riot-gun de Bill Hodges, appliqué contre son oreille. Ce qui le repoussa à l'intérieur. Il blêmit, soudain muet. Malko entra, entraînant Bambé et referma la porte, grâce à un énorme verrou.

– Qui, que voul...

Le Libanais ne s'attendait visiblement pas à cette attaque brutale.

– Voir Mr Labaki, fit Malko. Vite.

A son tour, il avait tiré le Colt 45 de sa sacoche, ignorant combien de personnes se trouvaient dans la maison. Le Libanais regarda les deux armes, secoua la tête et dit d'une voix blanche :

– Mais vous êtes fous! Que voulez-vous? Il n'y a rien à voler ici...

D'un revers, Bill Hodges le frappa à toute volée avec la crosse du riot-gun. Projeté contre une console dorée, le Libanais, la joue ouverte, glissa le long du mur, du sang dégoulinant sur toute sa mâchoire. Bill le releva et le colla au mur, le riot-gun sur la gorge.

– Où est-il?

– Dans... Dans sa salle de bains...

– Conduis-nous.

– Combien y a-t-il de gardes dans la maison? interrogea Malko.

Le Libanais, tamponnant sa joue, cracha un peu de sang et balbutia :

— Personne, ils sont dehors. Il n'y a que moi et la masseuse. Et puis le personnel africain...

— Dépêchons-nous, dit Malko.

Comme un automate, le secrétaire les guida dans un couloir aux murs couverts de tableaux. Au bout du troisième coude, ils s'arrêtèrent devant une porte blanche, close.

— C'est là.

Malko tourna le bouton de la porte qui s'ouvrit sur une salle de bains en marbre bleu, absolument splendide, avec des glaces partout. L'une d'elles lui renvoya l'image d'un homme plongé dans un bain de mousse, au fond d'une baignoire dorée. Seule sa tête et le bras gauche dépassaient de la baignoire. Une jeune Noire, assise sur un tabouret, était en train de lui faire les ongles. Vêtue d'une blouse transparente qui laissait deviner un corps admirable...

Karim Labaki se figea. Malko vit son regard aller du riot-gun à son visage, ses yeux se fermer presque complètement, ses traits se durcir. Puis sa mâchoire avança et il aboya :

— Qu'est-ce que vous foutez ici?

Il avait du sang-froid, c'est le moins qu'on puisse dire... Tranquillement, Bill Hodges avança vers la baignoire et plongea le canon du riot-gun dans la mousse à l'endroit approximatif où se trouvait le ventre du Libanais.

— Sois poli ou je te fais sauter les couilles...

L'Africaine se leva avec un petit cri, et Malko la repoussa doucement dans un coin de la pièce, avant de s'approcher de Karim Labaki.

— Mister Labaki, dit-il, je suis venu pour une raison précise. Je veux les deux terroristes que vous hébergez.

— Foutez le camp! explosa le Libanais, je ne sais pas comment vous êtes entrés ici, mais si vous

ne partez pas, je sais comment vous allez en
ressortir. Morts.

Son visage de gargouille était convulsé par la
rage. Il se hissa à demi hors de la baignoire,
découvrant un corps musculeux et empâté, où la
mousse s'accrochait à des touffes de poils noirs.
Ses petits yeux allaient de Malko à Bill Hodges
avec une haine indicible. Au moins égale à celle de
l'Irlandais. Ce dernier se pencha en avant.

— Enculé, fit-il, *motherfucker* d'Arabe. C'est
moi qui vais te crever tout de suite. Tu te souviens
de Yassira? C'est moi qui la baise. Et Seti? La
petite que tu as fait tuer? Je vais te faire sauter la
tête.

Il écumait. Malko se rendit compte qu'il ne se
contrôlait plus. Et qu'il allait tuer le Libanais.
Celui-ci le réalisa aussi et tourna la tête vers
Malko.

— Il est fou votre copain! Calmez-le. Je ne sais
pas de quoi il parle.

Sa voix n'était plus qu'un croassement. Il avait
peur. Vraiment. Souvent confronté à la violence,
il savait la reconnaître... Malko saisit le canon du
riot-gun et l'écarta.

— Nous avons à parler, mister Labaki. Allons
dans votre bureau.

Sous le regard grinçant de haine de Bill, le
Libanais sortit de sa baignoire et s'enveloppa dans
un peignoir blanc monogrammé de fils d'or. L'autre porte donnait dans sa chambre, d'un luxe
inouï, une moquette haute laine d'un blanc imma-
culé servait d'écrin à un magnifique lit corolle
King Size habillé de soie mauve. Le tout signé :
Claude Dalle. Dans un coin, un empilement de
télés Akaï et de magnétoscopes. Plus une radio
émettrice. La moquette épaisse sur laquelle étaient
jetés des tapis étouffait le bruit des pas... Malko

ferma à clef. Toutes les portes étaient en bois de
fer, incrochetables.

Ils pénétrèrent dans le bureau. Somptueux. Des
boiseries partout et une grande baie vitrée dominant les collines, avec vue sur la baie de Freetown.
Des lampes en cuivre rappelaient le Liban, des
photos partout, de Labaki avec tout ce qui comptait en Sierra Leone. Plus une avec Nabil Beri, le
leader chiite d'Amal.

— Regardez! cria l'Irlandais.

Il brandissait une photo de Khomeiny en train
de serrer la main de Karim Labaki qui semblait
minuscule à côté de lui.

— Salope!

Il jeta la photo à terre et la piétina dans un
bruit de verre brisé. Karim Labaki ne broncha
pas. Le téléphone sonna et il décrocha, écouta
quelques secondes avant de raccrocher. Il se
tourna alors vers Malko.

— Ce sont mes gardes. Ils se sont réveillés trop
tard et je les punirai. Je sais maintenant comment
vous êtes entrés ici. Seulement, la sortie ne sera
pas aussi facile. Vous feriez mieux de poser vos
armes et de vous rendre... Nous pourrions trouver
un terrain d'entente...

Bill Hodges fit un pas vers lui, avant que
Malko ne puisse répondre, les yeux fous...

— Il n'y a pas de sortie pour toi, salope...

Karim Labaki tourna la tête vers Malko.

— Je voudrais vous montrer quelque chose.

— Allez-y, dit Malko, sans le quitter du canon
de son arme.

Le Libanais prit une clef sur son bureau et
marcha vers une des boiseries. Il écarta le
panneau, découvrant un gigantesque coffre-fort.
Il l'ouvrit légèrement, interdisant de voir à
l'intérieur. Puis, d'une voix très calme, il annonça :

– J'ai ici plus de deux millions de dollars. Et des diamants qui en valent trois fois autant. Prenez-les et partez.

Au même moment, des coups violents furent frappés à la porte et une voix cria :

– Mister Labaki, on a prévenu le CID! Ils arrivent.

Le Libanais eut un éclair de joie dans le regard, mais ce fut sa seule réaction. Indécis, Bill Hodges ne bougeait plus. Malko sentit que la situation allait lui échapper. Il n'était pas venu faire un hold-up, mais récupérer des terroristes. Il sentait que le Libanais reprenait du poil de la bête et gagnait du temps. Dans une demi-heure au plus, la résidence serait cernée et Malko se trouverait dans une situation impossible.

Karim Labaki insista d'une voix volontairement douce :

– Prenez ces dollars et fichez le camp. Je vous accompagne dehors. C'est un regrettable malentendu... Je ne connais aucun terroriste.

Malko fit un pas vers le coffre, posa la main sur la lourde porte. Les traits de Karim Labaki se détendirent imperceptiblement.

– Vous êtes un homme intelligent, fit-il.

Au Liban, tous les conflits pouvaient se régler avec de l'argent... Seuls les imbéciles mouraient. Malko le fixa de ses yeux dorés, froids comme la mort et rabattit la porte à toute volée.

Sur la main du Libanais.

CHAPITRE XVII

Le hurlement du Libanais fit trembler les vitres. La porte du coffre-fort devait peser deux cents kilos. La main droite coincée entre les deux battants d'acier, le souffle coupé par la douleur, il tira de la main gauche avec précaution la lourde porte, dégageant son autre main. Son regard tomba sur les phalanges écrasées qui gonflaient déjà.

Karim Labaki tituba jusqu'au fauteuil de son bureau et s'y écroula. Le teint crayeux, il contempla sa main, eut une espèce de hoquet, son regard chavira et il se tassa sur son siège, la tête sur la poitrine.

Evanoui.

Bambé le contemplait, horrifiée. Les coups dans la porte du bureau redoublèrent. La voix du secrétaire cria à travers le battant :

— Salauds! Qu'est-ce que vous lui faites?

Karim Labaki gémit, se redressa un peu, poussa un cri de douleur, se tourna et vomit sur le Kirman bleu de dix millions de francs qui était sous ses pieds. Ses dents s'entrechoquaient. Il n'arrivait plus à articuler, les yeux pleins de larmes. L'Irlandais l'observait avec un sourire mauvais. Malko s'approcha de lui et il hurla :

— Ne me touchez pas!

Sa main écrasée tournait au violet, tous les vaisseaux rompus la transformaient en un énorme hématome. Son beau peignoir blanc était maculé de vomi et une aigre odeur flottait autour de lui.

— Mister Labaki, précisa Malko, je ne suis pas venu chercher de l'argent. Je veux les deux hommes que vous hébergez : Nabil Moussaui et Mansour Kadar. Tout de suite.

Karim Labaki parvint à essuyer les larmes de douleur avec sa main gauche et fixa Malko. Il avait repris sa dureté.

— Je ne sais pas de qui vous parlez, fit-il.

Ils s'affrontèrent du regard. Malko voyait les muscles de la mâchoire du Libanais trembler sous l'effort qu'il faisait pour se contrôler.

Les coups continuaient dans la porte, gardée par Bill Hodges. La situation ne pourrait pas s'éterniser. Il était déjà peut-être trop tard pour récupérer les deux terroristes. Comme le Libanais demeurait silencieux, Malko saisit de la main gauche le poignet de sa main blessée, l'appliquant sur le bureau. Karim Labaki émit un hurlement de porc qu'on égorge.

De la main droite, Malko prit un lourd presse-papier, une grenouille en malachite, et le brandit au-dessus des doigts noirâtres aux articulations brisées.

— Je vais vous écraser les os jusqu'à ce que vous parliez, annonça-t-il d'une voix glaciale.

Evidemment, ce n'était pas dans le code des samouraïs. Mais deux ou trois cents personnes qui sautent avec un avion, non plus.

Le Libanais s'accrocha à Malko de sa main valide, tentant de le repousser.

— Arrêtez! Ils ne sont plus ici.

— Où sont-ils?

— Partis.

— Où? Quand?

De nouveau, le Libanais demeura muet. Malko appuya légèrement la grenouille en malachite sur les doigts déjà affreusement enflés. Karim Labaki eut un cri déchirant de chiot écrasé.

— L'hélico... Tout à l'heure...

Un comble! S'il avait su cela, une rafale de riot-gun dans l'appareil et le problème était réglé.

— Où allaient-ils? demanda-t-il.

— Rejoindre un taxi-brousse, près de Longi.

— Et ensuite? Ils quittent le pays clandestinement?

— Je ne sais pas... Je ne crois pas.

Karim Labaki ignorait les aveux de Forugi, concernant le but des deux terroristes chiites. En trente-six heures, même par la piste, ils avaient largement le temps d'atteindre Abidjan. Le passage de la frontière ivoirienne se faisait plus facilement en brousse que dans un aéroport. Mais s'il pouvait en savoir plus...

La grenouille de malachite appuya sur les phalanges brisées, déclenchant de nouveaux hurlements du Libanais auxquels firent écho des imprécations en arabe de l'autre côté de la porte. Une voix hystérique glapit :

— Laissez Mr Labaki! Salauds!

Celui-ci était blême, regardant sa main coincée sous le presse-papier de malachite. De la sueur coulait sur son visage livide. Malko se dit qu'il n'était plus en état de mentir. Il lui redemanda où ils allaient et le Libanais murmura :

— Je ne sais pas, je vous le jure, ils ne me l'ont pas dit... Je les ai seulement hébergés.

Malko n'avait pas le temps de vérifier. Retrouver deux terroristes au milieu de l'Afrique n'était pas évident, même si on connaissait leur destination finale, ce qui était le cas. Il fallait un peu plus.

— Ils ont des passeports sierra-leonais?

— Oui, avoua le Libanais dans un souffle.

— A quels noms?

Les muscles de la mâchoire inférieure de Karim Labaki saillirent sous la peau comme s'il s'empêchait de répondre. Sans hésiter, Malko pesa sur la grenouille de malachite. *Cette* information était vitale. Eddie Connolly était mort pour avoir tenté de se la procurer.

La bouche du Libanais s'ouvrit d'un coup sur un cri atroce qui se confondit avec une forte explosion venue de l'extérieur. La porte vola en éclats. Grâce à une petite charge explosive posée contre le battant de l'autre côté. Dans la fumée, Malko aperçut des uniformes et des Palestiniens. Bill Hodges s'était retourné à la vitesse d'un cobra... Le riot-gun cracha ses huit cartouches à une vitesse hallucinante. Il y eut des cris, une bousculade et, à travers le battant éventré, Malko aperçut un corps ensanglanté couché en travers du hall de marbre.

Les autres s'étaient abrités.

Seulement la situation devenait intenable. Une voix cria avec un fort accent arabe :

— Jetez vos armes. Rendez-vous.

Fiévreusement, Wild Bill rechargeait son riot-gun. Il se rapprocha de Malko, le visage soucieux.

— Faut filer. Ces cons de Noirs, je les connais, ils vont se mettre à tirer dans le tas...

Malko regarda le visage livide du Libanais. En dépit de la douleur de sa main, il s'était un peu repris et il ne sortirait plus rien de lui. Maintenant, il fallait sauver sa peau.

— On s'en va, annonça-t-il à Labaki. Ne cher-

chez pas à vous enfuir ou je vous abats. Bill,
donnez-moi le riot-gun et occupez-vous de lui.

Ils firent l'échange. Avec un sourire mauvais,
Bill Hodges enfonça le canon du 45 dans le cou
du Libanais, lui tordant son bras valide derrière le
dos. Malko s'était approché de la porte. Collé au
mur, il cria :

– Nous allons sortir avec Mr Labaki. Dégagez
le hall. Au premier coup de feu, il prendra une
balle dans la tête.

Pas de réponse. Il se retourna vers le Libanais.

– Confirmez-leur. En anglais et en arabe...

Le Libanais se gratta la gorge et lança un appel.
Terminé par une version créole. Il tenait à sauver
sa peau... Dans le hall, il y eut tout un remue-
ménage. Malko attendit quelques instants et s'y
glissa le premier, riot-gun au poing. Personne,
sauf un mort – un Palestinien – et des traînées de
sang un peu partout.

Il traversa le hall en courant, arrivant à la porte
donnant dans la cour. Abrité, il aperçut des têtes
qui dépassaient de tous les coins. La grille était
fermée et une Range Rover stationnée devant la
bloquait... Il fit le tour des possibilités. La falaise
était inaccessible. S'ils s'enfuyaient à pied dans le
bois de Hill Station, ils seraient extrêmement
vulnérables. Il regarda vers le garage, aperçut,
devant les Mercedes, un camion tout neuf, un
neuf tonnes Leyland.

Revenant à l'intérieur, il vit, debout dans une
embrasure, le secrétaire libanais qui contemplait
avec horreur son patron tenu en respect par Bill
Hodges. Il avait le visage en sang, suite au coup
de crosse de l'Irlandais.

– Je vous en prie, balbutia-t-il, ne faites pas de
mal à Mr Labaki. C'est un homme si bon.

– Cela dépend de vous, fit Malko sautant sur

l'occasion. Je veux que tous les soldats dégagent. S'il y a une bavure, il mourra le premier.

– Mais où allez-vous? Vous ne pourrez jamais sortir...

– C'est mon problème, coupa Malko, faites ce que je vous dis.

Le secrétaire traversa le hall, rejoignit un officier du SSD (1) et commença à parlementer... Toute l'armée sierra léonaise était là...

Malko croisa le regard de Bambé. Ravie. A peine inquiète. Inconsciente du danger, la jeune Noire suivait calmement. Il se maudit de l'avoir entraînée dans cette galère...

Le secrétaire réapparut, essoufflé.

– Ça y est! Vous pouvez sortir. Personne ne tirera.

Karim Labaki intervint brutalement en arabe. Le secrétaire ponctua ses réponses de *aiwa* (2). Apparemment le Libanais n'avait qu'une confiance modérée dans les Noirs. Nouvel aller-retour. Cette fois, c'était bon. Malko sortit dans la cour, dans un silence impressionnant et se dirigea vers le camion.

Bill progressa dans le hall, prêt à sortir à son tour.

Malko ouvrit la portière du camion et s'installa au volant. La clef était sur le contact. Il mit en route, recula et vint se garer sous l'auvent. De sa cabine, il apercevait les soldats planqués un peu partout. Il y en avait même dans la piscine... dont seule la tête était visible. Pourvu que l'un d'entre eux ne veuille pas faire du zèle! Ce serait le massacre. Dont ils ne réchapperaient pas... Se penchant, il ouvrit la portière du camion, apercevant Bill et son prisonnier dans l'ombre du hall.

(1) Special Security Department.
(2) Oui, en arabe.

— Bill! Venez. Sans vous presser.

L'Irlandais sortit avec lenteur, précédé de Bambé et collé à Karim Labaki. Il lui fallut d'interminables secondes pour atteindre le camion où il fit grimper le Libanais. Ce dernier heurta sa main blessée et poussa un hurlement, vacillant sur ses jambes. Le cœur de Malko grimpa à 160 pulsations. Tout s'arrêta. Puis la tension redescendit. Karim Labaki se traîna dans la cabine. Il sentait mauvais. Bill grimpa à son tour et s'accroupit, invisible de l'extérieur. On ne voyait de lui que son bras gauche avec le Christ en croix prolongé par le gros pistolet, le canon planté dans la gorge du Libanais. Bambé se faisait toute petite entre Malko et Labaki.

— Accrochez-vous! dit Malko.

Passant la première, il écrasa l'accélérateur. Le lourd véhicule bondit en avant. Son pare-chocs heurta d'abord l'arrière de la Range Rover. Une fraction de seconde plus tard, il faisait voler en éclats le portail. Malko allait si vite qu'il manqua basculer dans le ravin d'en face. Il freina, puis effectua une courte marche arrière. Par la vitre ouverte, il entendit le secrétaire qui s'égosillait.

— *Don't shoot! Don't shoot!*

Les soldats ne bronchèrent pas.

Malko se lança dans le chemin étroit menant à Station Hill Road. Au passage, il aperçut des véhicules militaires, des soldats, deux Palestiniens avec un RPG 7. Ils épaulèrent mais ne tirèrent pas en voyant la tête de leur patron... Arrivé à la route principale, Malko hésita. A gauche? A droite? Bill intervint :

— Prenez à droite, vers le village de l'OUA.

— Et ensuite?

— Il faut s'éloigner de Freetown. La route de Lakka est une impasse. Nous devons essayer de suivre la Sierra Leone jusqu'au pont de Forodugu sur la rive sud et ensuite filer vers le nord, la Guinée.

— C'est loin?

— Sept ou huit heures.

— Et le Liberia?

— On ne passera jamais. Les pistes sont encore impraticables, à cause de la saison des pluies...

Bambé poussa tout à coup un cri.

— Des soldats!

Un barrage. Malko ralentit. Une douzaine de militaires. Heureusement, ils n'avaient ni herse, ni véhicules. Ils ne devaient pas rechercher un camion, car ils baissèrent leurs armes comme le véhicule s'approchait... Le Libanais murmura :

— Ne faites pas de conneries.

Malko vit un visage noir contre la glace et écrasa l'accélérateur. Les soldats disparurent. Il bouscula une jeep, entendit une pétarade de coups de feu. Ils vidaient tous leurs chargeurs. Pourvu que le réservoir ne soit pas touché... Ni les pneus. Les dents serrées, il maintenait le lourd véhicule en ligne. Encore quelques coups de feu. Un virage approchait. Ensuite, ils seraient à l'abri. Il s'engageait dedans quand il entendit Labaki pousser un cri.

Il crut l'avoir heurté et tourna la tête vers le Libanais. Il eut un choc. Un épais filet de sang coulait de sa bouche. Lentement, sa tête tomba sur l'épaule de Bambé qui poussa un hurlement d'horreur. Bill prit le Libanais à bras-le-corps, le faisant basculer en avant. Malko aperçut alors un trou dans son dos, où s'élargissait une tache de sang. La lunette arrière du camion était brisée. Probablement un tireur embusqué dans un arbre. Déjà, le Libanais ne respirait plus... Il avait reçu le projectile en pleine aorte et était mort sur le coup. Bill le regarda avec un dégoût non dissimulé.

— Quel dommage! fit-il. J'aurais tellement aimé lui trancher la gorge. Arrêtez-vous, on ne va pas garder cette charogne avec nous.

Malko stoppa sur le bas-côté. L'Irlandais arracha le cadavre de Labaki de la cabine, le jeta dans le fossé, puis remonta, guilleret.

— Au moins, on a de la place, fit-il jovial.

La route s'était rétrécie, sinuant au-dessus des collines dominant Kissy, le quartier à l'est de Freetown. Au loin, on apercevait la rivière et le bras de mer. Les barrages ne devaient pas s'étendre aussi loin. L'armée manquait de véhicules et de transmissions. Mais ils avaient à parcourir des centaines de kilomètres, recherchés par toutes les autorités. C'était déjà un miracle qu'un seul projectile ait atteint la cabine.

— Par où allons-nous passer? demanda-t-il.

— D'ici une vingtaine de kilomètres nous allons rejoindre la route qui longe la Sierra Leone, vers Occra Hills. Il n'y a qu'un seul pont à Forodugu. Après, c'est tout droit, plein nord vers la Guinée. On passera la frontière vers Kambia... Ensuite, c'est la belle vie.

Le camion s'était mis à cahoter horriblement. Bill continua :

— Restons sur les collines. Il y a peut-être des barrages à la sortie de la ville, jusqu'à Waterloo...

— Mais ce pont, dit Malko, il va être gardé.

— Il y a des chances. C'est le point de passage obligé pour Lungi Airport...

— Il n'y en a pas d'autre?

— Non. On pourrait trouver un pêcheur, mais ensuite, il faut continuer à pied...

— Et en partant vers l'est?

— On y sera encore dans trois mois. Les pistes sont pourries.

Les cahots firent taire la conversation. Malko

broyait du noir. Leur équipée risquait de s'arrêter au pont de Forodugu... Une demi-heure plus tard, ils débouchèrent sur une route goudronnée avec à peine quelques trous. Un vrai miracle... Ils prirent à droite. Quarante kilomètres plus loin, c'était le pont... L'Irlandais demanda soudain :

— Vous sentez pas quelque chose de bizarre?

Une odeur de caoutchouc brûlé.

— *Shit,* nous avons crevé...

Malko stoppa progressivement. Ils mirent pied à terre. La roue avant gauche était à plat. Une balle ou un caillou. En Afrique, c'était courant... Bill fit le tour du camion, cherchant la roue de secours. Invisible. Il commença à jurer tout ce qu'il savait... La route était bordée de chaque côté de hautes herbes à éléphant qui cachaient le paysage plat. Un poda-poda les doubla, disparaissant sous des passagers accrochés à toutes les aspérités de la carrosserie.

Puis un cycliste, très digne, leur demanda s'ils avaient besoin d'aide. Ils le rassurèrent.

Bill Hodges s'était immobilisé à l'arrière du camion. La roue de secours était dessous. Toute neuve. Mais il fallait ouvrir les portes arrière pour défaire la barre qui l'empêchait de tomber à terre. Or, elles étaient fermées d'un énorme cadenas... Ils attendirent que le cycliste ait disparu. Malko remonta dans la cabine. Aussitôt, Bambé, les yeux brillants, lui montra un sac de toile.

— Regarde ce que j'ai emporté.

Dans le sac, il y avait des petits animaux en ivoire, un cendrier en cuivre repoussé absolument hideux et un brûle-parfum en argent ajouré dont n'aurait pas voulu une vente publique... Mais la Noire était ravie de ses petits larcins. Elle n'avait même pas pensé à vider le coffre. Du fond du sac, elle tira un gros flacon de parfum, piqué dans la salle de bains et le renifla avec amour.

— Pour toi, je vais me faire comme une Blanche, dit-elle.

Touchant.

La détonation sèche du Colt fit sursauter Malko. Il descendit. Les portes arrière du camion étaient ouvertes. Wild Bill Hodges contemplait l'intérieur avec une expression d'ahurissement total. Il fit le signe de croix, murmurant entre ses dents.

— Nom de Dieu de bordel de merde!

Ce qui pouvait passer pour une invocation au Seigneur. Malko le rejoignit. Intrigué et alarmé. Que pouvait contenir leur camion qui mette l'Irlandais dans cet état?

CHAPITRE XVIII

Malko crut d'abord que le camion dont ils s'étaient emparé transportait une cargaison de vieux papiers. Puis leur couleur lui fit réaliser la vérité : c'étaient des billets de banque.

Des mètres cubes en liasses de billets de deux et de vingt leones, ficelés avec des élastiques, enveloppés dans du plastique. Même au cours de la monnaie sierra-leonaise, il y en avait pour une fortune... Malko échangea un regard avec l'Irlandais. Ce dernier éclata d'un rire nerveux.

– Ça, c'est le plus beau! On est partis avec le coffre-fort de ce salaud de Libanais.

– Mais pourquoi dans un camion?

– Il se préparait sûrement à une grande tournée en brousse pour acheter du diamant de contrebande. Ils veulent être payés en cash. Il y en a là-dedans plus que dans toutes les banques de Freetown. Voilà pourquoi on ne trouve plus de billets...

Malko contemplait la masse de billets, pensif. Il aurait préféré un hélicoptère... Dans cette brousse perdue, cette fortune ne servait à rien... Un camion les doubla avec un coup de klaxon joyeux. S'ils avaient connu la nature de la cargaison, les malheureux accrochés à ses ridelles les auraient pris d'assaut... Bill Hodges avait commencé à dégager la roue de secours. Malko examinait le chargement. C'est ce matelas qui avait arrêté les rafales tirées sur eux. On distinguait nettement les sillons creusés dans les liasses... Bambé accourut à son tour et poussa un cri stupéfait :

— C'est de l'argent, tout ça!

Elle grimpa et se saisit d'un sac de plastique qui devait contenir quelques centaines de milliers de leones.

— Je peux le prendre?

Malko ne put s'empêcher de rire. Elle le serrait déjà contre son cœur, avec un regard inquiet.

— Bien sûr, dit-il. Mais tu as le temps...

Inquiète quand même, elle emmena le sac de billets dans la cabine du Leyland.

Jim Hodges en train de se battre avec le cric adressa un coup d'œil ravi à Malko.

— Ça va peut-être nous aider à franchir le pont de Forodugu, dit-il.

Malko regarda les herbes hautes autour de la route. La chaleur était écrasante. Il se demanda si l'alerte donnée par Jim Dexter allait suffire à éviter le détournement.

***
***

— Ah, ça commence!

A la sortie du village de Mabora, il y avait un barrage. Trois soldats. Ils arrêtaient les véhicules dans les deux sens. Nonchalant et souriant, l'un d'eux s'approcha :

— Bonjour, vous allez où?

— A Longi, répondit Bill Hodges. Et on est pressés.

L'autre hocha la tête.

— Ah bon. Qu'est-ce qu'il y a là-dedans?

— Je ne sais pas, fit l'Irlandais. C'est le patron qui a fermé...

Il avait remis le cadenas avec des fils de fer...
Sans attendre la réponse du Noir, il tendit une
liasse de billets empruntée au sac « confisqué »
par Bambé... L'autre salua et prit les billets.

— C'est bien. Vous pouvez aller.

Un autre soldat leva la barrière. Malko remarqua :

— Ça n'a pas l'air trop difficile.

L'Irlandais secoua la tête.

— Ici, oui. Mais ce sont des locaux. Ils n'ont pas
de radio. Ceux du pont sauront qui nous sommes...

Ils repartirent, zigzaguant entre les trous du
bitume, dans la poussière brûlante. Peu de circulation, à part quelques poda-poda. Malko avait
l'impression d'être parti depuis des jours. Bambé
ne quittait pas son tas de billets des yeux... Les
herbes à éléphants disparurent et ils aperçurent
sur leur gauche un marécage et une rivière aux
eaux marron.

— Voilà la Sierra Leone, le pont est dans deux
kilomètres, annonça Bill Hodges.

Il roula encore un peu et, juste avant une
courbe, freina puis stoppa sur le bas-côté.

— Qu'est-ce que vous faites? demanda Malko.

— Je vais aller voir ce qui se passe au barrage.
Si nous arrivons avec le camion, ils risquent de
nous tuer pour en garder le contenu. Il va falloir
négocier... Ça je sais faire.

— Et si cela se passe mal, qu'ils vous gardent?

Bill Hodges eut un geste fataliste.

— Vous me laissez tomber. Vous revenez sur
vos pas. Un peu plus loin, il y a un village de
pêcheurs. Ils ont des barques et pour quelques
leones, ils vous feront franchir la rivière. Ensuite,
il faudra trouver des poda-poda jusqu'à la
frontière de Guinée.

Un poda-poda croulant sous les passagers et les

bagages s'approchait. Bill Hodges leva le bras et il s'arrêta. L'Irlandais réussit à se caser sur une banquette déjà bondée et l'engin redémarra dans un nuage de fumée bleue.

Bambé couvait des yeux son sac de billets.

— C'est une grande ville, Conakry? demanda-t-elle.

— Oui, dit Malko.

— Je voudrais acheter de jolies choses, fit-elle, des vêtements comme mettent les Blanches...

Malko regarda la courbe où avait disparu le poda-poda. Ils n'étaient pas encore à Conakry.

*
**

Vingt minutes déjà. Malko avait du mal à contenir son angoisse. Il régnait en plus une chaleur insoutenable dans la cabine du Leyland. Bambé somnolait. Il consulta sa Seiko-quartz. Si dans une demi-heure, Bill Hodges n'était pas revenu, il filerait. Avec comme perspective du stop dans la brousse et l'armée sierra-leonaise à ses trousses.

Une jeep surgit soudain du tournant. Malko, d'un coup d'œil, vérifia le riot-gun et lança le moteur du Leyland, prêt à tout. Puis il reporta son attention sur la jeep. Deux hommes se trouvaient à l'avant. Un militaire sierra-leonais et Bill Hodges. L'Irlandais, très détendu, adressa un signe joyeux à Malko. La voiture à peine arrêtée, il sauta à terre et vint vers lui, accompagné du Noir, un géant très martial dans sa tenue léopard.

— Je vous présente le capitaine Tikomko, annonça-t-il. Il dirige une unité d'élite chargée de lutter contre la contrebande du diamant...

Le capitaine écrasa les phalanges de Malko

avec un sourire radieux... Bill Hodges enchaîna aussitôt :

— Le capitaine et ses hommes n'ont pas reçu leur solde depuis le mois de juillet et ont beaucoup de mal à survivre. Aussi je lui ai proposé de lui consentir une avance que le gouvernement sierra-leonais me remboursera. Contre un reçu, bien entendu.

Le Noir approuva gravement de la tête.

— Cela me paraît normal, dit Malko.

— Il faut aider l'armée qui nous protège, continua sentencieusement l'Irlandais. Pouvez-vous distraire cent mille leones (1) de nos frais de route? Nous nous arrangerons.

— Je crois que c'est possible, approuva Malko.

Il remonta dans la cabine du Leyland et prit le sac en plastique de Bambé qui lui adressa un regard lourd de reproches. Le capitaine Tikomko regardait l'argent avec une expression naïvement avide. Malko commença à compter les liasses. Heureusement, c'étaient des billets de vingt leones. Cent mille représentaient environ le tiers du contenu du sac. Bill Hodges prit les paquets de billets et les posa sur le capot de la jeep.

— Voilà, capitaine.

L'officier sierra-leonais ne bougea pas. Malko surprit une lueur agacée dans l'œil gris de Bill Hodges. Cela risquait de tourner au vinaigre... L'Irlandais insista.

— Nous repartons.

— Il faudrait peut-être faire un geste pour nos camarades qui ne sont pas avec nous, dit le Noir.

— Ça, c'est vrai! approuva Bill Hodges, sans même discuter.

Il reprit le sac en plastique et en sortit une

(1) Environ 15 000 francs.

nouvelle liasse qu'il tendit au capitaine Tikomko. Celui-ci la prit avec une moue.

— Ça, c'est vraiment un petit geste... remarqua-t-il.

Les taches du visage de Bill Hodges foncèrent. Mais il ajouta deux nouvelles liasses. Cette fois, le capitaine Tikomko porta le tout dans la jeep, son sourire revenu.

— Vous me suivez! lança-t-il.

La jeep fit demi-tour. L'Irlandais remonta à côté de Malko. Son premier soin fut de vérifier le riot-gun et de le placer sur ses genoux...

— J'espère que ce salaud ne va pas nous baiser, dit-il.

— Comment l'avez-vous contacté? demanda Malko.

— J'ai été le voir directement. Il nous attendait, prévenu par radio. On a fait la palabre. Je lui ai expliqué que j'avais tué un Libanais qui m'avait pris ma femme... Ça lui a plu. Que j'avais un peu d'argent. Ça lui a plu aussi. C'est vrai qu'il n'a pas été payé depuis trois mois... Mais s'il se doutait de ce qu'il y a derrière nous...

— Comment fait-on?

— Le capitaine passe le pont et nous le suivons. Normalement, ses hommes ne bougent pas. Sauf s'il m'a préparé une arnaque. Dans ce cas-là, on fonce. Seulement, ils pourront nous rattraper facilement et ils ont une mitrailleuse...

Ils se turent. Ils apercevaient maintenant la Sierra Leone à travers les arbres, coulant entre deux murailles de jungle. Le pont de Forodugu était un ouvrage métallique étroit. Un groupe de soldats occupait l'entrée de la rive sud, répartis entre une vieille tente et trois jeeps dont une portait une mitrailleuse de 50 et une antenne radio.

Le véhicule du capitaine Tikomko ralentit, puis

se gara sur le bas-côté. Deux soldats armés de
fusils d'assaut G.3 s'avancèrent aussitôt sur la
chaussée, barrant la route au Leyland.

— Qu'est-ce qui arrive? gronda Bill Hodges
entre ses dents.

Pour passer, il fallait les écraser... Malko
s'arrêta et un des soldats s'approcha. Aussitôt,
Bill lui lança :

— Ça va! On est pressés, le capitaine Tikomko
nous a dit de passer.

Le soldat, un jeune aux yeux proéminents, ne se
détendit pas.

— Qu'est-ce que vous transportez?

— Rien, fit l'Irlandais, on va chercher une cargaison à Longi...

— Il faut ouvrir quand même, insista le Noir,
c'est le règlement.

Une vraie borne... Malko scruta son visage sans
expression. Impossible de savoir s'il agissait par
devoir ou pour récolter un backchich. Il se força à
sourire, voyant le doigt de Wild Bill ramper vers
la détente du riot-gun.

— Mais puisqu'il n'y a rien, le règlement ne
s'applique pas.

— Il faut arrêter le moteur et ouvrir l'arrière, fit
le soldat.

Il avait reculé d'un pas, son ton était plus ferme
et il s'apprêtait à faire glisser le G.3 de son épaule.
Malko regarda devant lui la route étroite qui filait
entre deux parois de jungle. Le premier virage se
trouvait à un bon kilomètre... Le chargement de
billets n'arrêterait pas des balles de mitrailleuse.
L'index de Wild Bill Hodges s'était coulé dans le
pontet du riot-gun. La chaleur humide parut tout
à coup encore plus étouffante à Malko. Et soudain, Bambé qui avait vu le geste de l'Irlandais se
pencha par-dessus lui et lança une longue phrase
en créole au soldat.

Celui-ci mit quelques secondes à réagir puis répliqua d'un ton assez distant. Bambé s'étira encore plus, lui mettant sous le nez ses seins moulés par le gara et continua à babiller en créole. D'abord, le soldat répondit par monosyllabes, puis finit par se détendre et engager une vraie conversation. Bambé se retourna vers Malko :

— Il est marié, avec deux enfants et a du mal à les nourrir. Il n'a pas été payé depuis longtemps, parce que le capitaine garde l'argent du gouvernement pour lui.

Le capitaine Tikomko avait disparu dans sa tente pour planquer son nouveau butin. Malko plongea la main dans le sac en plastique et passa à Bambé une modeste liasse qu'elle tendit au soldat.

— Dis-lui que nous sommes contents de l'aider.

Le Noir saisit avidement les billets et remit aussitôt son G.3 à l'épaule pour les compter... Malko avait déjà enclenché la première et lança à Bambé :

— Dis-lui qu'on lui en redonnera autant quand nous repasserons.

Bambé transmit en créole. Le soldat hocha la tête, ravi, et disparut du champ visuel de Malko qui avait démarré. Dans le rétroviseur, il l'aperçut ramassant un billet tombé à terre.

Les roues du camion faisaient déjà trembler le pont. Malko avait envie de crier de joie. Le pont de Forodugu disparut après le virage. L'asphalte n'avait presque pas de trous. Ils avaient franchi l'obstacle le plus difficile. Bill Hodges doucha un peu sa joie.

— Il reste encore la frontière, fit-il. Avec les Guinéens pas de problème. Mais les autres, au poste sierra-leonais ils ont aussi la radio. Ils doivent nous attendre.

CHAPITRE XIX

L'herbe à éléphants défilait de chaque côté de la route qui s'était transformée en piste de latérite. Ils croisaient de moins en moins de véhicules. Ils avaient dépassé une dizaine de villages, sans rencontrer aucun barrage... Malko conduisait le plus vite possible, zigzaguant entre les trous.

Un panneau apparut... *Slow down. Border.*

Bill Hodges s'agita, nerveux, caressant le riot-gun. Des cases sur la gauche, puis une esplanade, avec des baraquements. La douane, des policiers, des soldats. Trois véhicules attendaient déjà. L'un d'eux avait toute sa cargaison par terre.

— Oh là, là! fit l'Irlandais, je n'aime pas ça. Ils ont faim, ici. Ils vont nous faire ouvrir. Et s'ils voient ce qu'on transporte, on est bons...

— Qu'est-ce qu'on fait?

— Vous voyez la barrière là-bas? De l'autre côté, c'est la Guinée. Foncez au dernier moment. Maintenant, appuyez vers la droite, comme si vous alliez vous arrêter.

Malko s'exécuta. Les douaniers lui firent signe de stopper. Il leur sourit et accéléra brusquement, traversant la place dans un nuage de poussière. La barrière – un simple poteau de bois – se cassa comme un fétu de paille sous le pare-chocs du Leyland. Dans le rétro, Malko vit des gens courir dans tous les sens, des soldats qui se précipitaient dans une jeep. Bill Hodges ricana.

— De toute façon, ils ne peuvent rien faire. Nous sommes déjà en territoire guinéen.

Ils traversèrent le *no man's land* et débouchèrent dans ce qui semblait être un cimetière de voitures... Un minuscule poste de douane et de police.

— Ici, je les connais, annonça l'Irlandais. Pas de problèmes.

Il descendit du camion et fila vers la baraque en bois qui abritait la police. Malko attendit, moteur en route. Bambé ouvrit de grands yeux effrayés.

— Ils ne vont pas nous mettre en prison? demanda-t-elle.

Bill Hodges revint cinq minutes plus tard, radieux. Il remonta dans le camion.

— On y va. Ici, ce sont les dollars qui marchent...

Un soldat en guenilles leva l'inévitable barrière de bois et ils pénétrèrent en Guinée... La route n'était pas meilleure, mais il n'y avait aucune circulation. Après trente ans de marxisme avec Sekou Touré, le pays était saigné à blanc... Dans deux heures ils seraient à Conakry et Malko retrouverait la civilisation et la CIA.

Les contours violets du massif montagneux du Fouta Djalon occupaient tout l'horizon à l'est de la piste menant à Conakry. Bambé et Wild Bill somnolaient. Ils n'avaient pas croisé un véhicule en une heure. La piste défoncée sinuait au milieu d'une savane maigre parsemée de villages qui semblaient abandonnés. Pas de boutiques, pas cette animation habituelle de l'Afrique... La Guinée était sinistrée. Le nez sur la route, Malko se demandait comment il allait parvenir à Abidjan. Il ne serait tranquille qu'une fois certain que l'alerte y aurait été donnée. Le Fouta Djalon, qui ne mesurait pourtant que mille mètres, semblait de plus en plus envahissant, mangeant tout l'horizon... Bill s'ébroua.

— On n'est plus loin.

Effectivement, après un contrôle de police, un ruban asphalté superbe, en bon état, remplaça la piste. Ils se traînèrent longtemps dans les faubourgs de Conakry avant de se trouver en face de l'hôtel *Independance*, le seul de Conakry... Bambé ouvrait des yeux immenses devant les vitrines.

— Qu'allez-vous faire? demanda Malko à Bill Hodges.

L'Irlandais sourit.

— Si vous me laissez le camion, je repars...

— Où?

— Acheter des diamants. Moi aussi je connais les coins, mais je n'avais pas l'argent...

— Vous allez retourner en Sierra Leone?

L'Irlandais haussa les épaules.

— Je ne passerai pas par la piste principale. En Afrique on peut toujours s'arranger, surtout avec un tel tas de pognon...

— Le camion est à vous, dit Malko.

Le mercenaire irlandais l'avait bien mérité.

— OK, dit Bill. Dans ce cas, je vais dormir dedans... Je n'ai pas envie de me le faire piquer.

Le hall de l'*Independance* grouillait d'hommes d'affaires de tous les pays. La Guinée repartait. Malko prit une chambre pour Bambé et lui et se jeta sur le téléphone. Tandis que la sonnerie grelottait, il avait du mal à maîtriser les battements de son cœur.

On décrocha et une voix annonça :

— Ici, l'ambassade des Etats-Unis.

— Passez-moi Mr Mac Bain, fit Malko. De la part de Jim.

Trente secondes plus tard, il avait en ligne le chef de Station de la CIA à Conakry. Qui semblait tout aussi anxieux que lui.

— Où êtes-vous? Nous avons reçu le message annonçant votre possible arrivée hier soir.

— A l'*Independance*, fit Malko.

— *Holy God!* fit l'Américain, je pensais que vous ne pourriez jamais franchir la frontière. J'ai capté la radio de Freetown. Ils vous recherchent comme des fous là-bas.

— Et Abidjan?

— Ils sont prévenus. Relax. J'ai fait venir un jet privé qui va vous y emmener demain matin. Il n'y a pas d'avion régulier. Avez-vous besoin de quelque chose?

— De dormir et de prendre une douche, dit Malko.

— OK, je vous donne le numéro de chez moi, mais attention, le téléphone fonctionne mal. Je passerai vous voir à l'hôtel tout à l'heure...

Malko raccrocha. Indiciblement soulagé. Tout cela n'avait pas été inutile. Les deux terroristes chiites allaient débarquer en terrain miné... Bambé l'observait avec une drôle d'expression. Une petite fille devant un magasin de jouets.

— Je voudrais que tu me donnes de l'argent, fit-elle. Il y a tant de belles choses ici... Tu as vu ces magasins... Même dans l'hôtel.

Malko lui tendit une poignée de billets de cent dollars qu'elle prit, émerveillée, avant de disparaître... Encore une heureuse. Il se déshabilla et se jeta sous la douche anémique. L'air conditionné ne marchait pas.

En dépit des assurances de Mac Bain il avait hâte d'être à Abidjan. Il se méfiait de la ruse des Iraniens.

*
**

Tous les hommes présents dans la salle à manger de l'*Independance* posèrent leurs couverts en même temps, les yeux fixés sur la porte. Bambé était resplendissante. Une princesse d'ébène. Une robe noire très ajustée moulait son corps admirable comme un gant, elle avait mis des bas sur sa peau sombre et marchait difficilement sur des escarpins de douze centimètres. Mais le plus étonnant était sa voilette accrochée à un petit chapeau. Sa grande bouche peinte en carmin luisait dessous comme un phare érotique. Même ses talons hauts n'empêchaient pas le balancement de ses hanches, plus sensuel que jamais...

Elle se laissa tomber à la table de Malko.

– Est-ce que je suis belle?

Wild Bill avait les yeux hors de la tête. A la table voisine, un Japonais solitaire faillit s'enfoncer sa fourchette dans l'œil. Bambé croisa les jambes dans un crissement de nylon. Malko vit que l'un de ses bas s'était détaché... Tranquillement, elle releva sa robe sur sa cuisse charnue et le rajusta.

– C'est la première fois que j'en mets, expliqua-t-elle. Ils m'ont montré dans la boutique, mais c'est difficile...

Ses seins pointus semblaient prêts à crever la soie. Ses ongles avaient été faits et elle s'était trempée dans du parfum. Malko leva son verre de château-margaux.

– Tu es absolument superbe!

Elle eut beaucoup de mal à manger avec la voilette, refusant obstinément de la relever. Elle croisait et décroisait tout le temps les jambes, ce qui produisait une suite de crissements d'un érotisme délicieux. Les serveuses en boubou, effarées, ne la quittaient pas des yeux.

A la fin du dîner, Wild Bill demanda du cognac et on lui apporta une bouteille de Gaston de Lagrange. Il emplit trois verres et leva le sien :

— Il y a longtemps que je ne m'étais pas autant amusé.

Bambé, sans même le réchauffer, but bravement son cognac. Peu habituée à l'alcool, elle manqua s'étouffer, mais ses yeux marron s'allumèrent encore plus. Sous la table, sa jambe pressait celle de Malko, impérieusement. Ce dernier se leva, abandonnant Bill Hodges en tête-à-tête avec la bouteille de Gaston de Lagrange... Dans l'ascenseur, la jeune Noire entreprit contre Malko une danse du ventre endiablée.

A peine arrivés dans la chambre, elle tomba à genoux devant lui et s'empara fiévreusement de son érection... Relevant délicatement sa voilette, elle engloutit le sexe avec componction, puis, au bout d'un moment, releva la tête et demanda avec une anxiété touchante :

— C'est bien comme ça que font les Blanches?

Malko l'assura aussitôt qu'une Noire valait largement une Blanche... Encouragée, Bambé continua. C'est Malko qui l'écarta et la coucha sur le lit.

— Ne m'enlève pas ma robe! supplia-t-elle.

Du coin de l'œil, elle se regardait dans la glace au-dessus de la table. Il fit glisser le triangle de dentelle et s'enfonça en elle, qui le retint de toutes ses forces, se démena sous lui, avec des petits cris extasiés, jusqu'à ce qu'elle donne un violent coup de reins accompagné d'un cri bref.

Malko la quitta doucement et elle poussa un petit gémissement de reproche.

— Non, attends, ne t'en vas pas.

Il n'allait pas loin. Avec douceur, il l'aida à se

mettre debout, face à la grande glace. Bambé s'y
mira, ravie, la voilette à peine dérangée. Malko
admirait la courbe ronde de ses reins superbement
cambrés. Un profil de reine... Très lentement, il
glissa son membre tendu à l'extrême entre les
deux globes d'ébène à la fermeté élastique. Bambé
gloussa, continuant à s'observer dans la glace. Le
sillon était si profond, en raison de la cambrure de
Bambé que Malko avait déjà l'impression d'être
en elle, alors qu'il ne faisait encore que l'effleu-
rer.

Par jeu, Bambé s'amusa à le serrer, tandis qu'il
montait et descendait, comme s'il ignorait encore
où s'enfoncer. C'est elle qui, passant une main
entre leurs deux corps, se saisit de son sexe roide
et le plaça de façon telle que Malko n'eut plus
qu'à appuyer de tout son corps pour entrer dans
ses reins.

Bambé poussa un cri et ses fesses se durcirent,
comme pour empêcher le membre qui la violait
d'aller plus loin. Puis, d'un coup, sa croupe devint
toute molle et Malko s'enfonça sans effort jusqu'à
la garde. La jeune Noire haletait, poussait de
petits gémissements de douleur, puis, insensible-
ment les mouvements désordonnés de ses hanches
firent place à un balancement rythmé. D'une voix
languissante, elle soupira :

— Ah, c'est bon, tu sais, tu me casses le cabi-
net...

Debout, appuyée au mur, elle ne perdait pas
une miette du spectacle de son propre viol, ren-
voyé par la glace.

Malko ne put surfer très longtemps sur cette
extraordinaire vague de plaisir. D'un ultime et
puissant coup de hanches, il se vida dans les reins
complaisants de Bambé qui salua son explosion
d'un coup de croupe provocant. Plus tard,
lorsqu'ils se détachèrent, encore titubants d'ex-

tase, Bambé rabattit sa robe sur ses hanches, se regarda une dernière fois dans la glace et annonça :

— Je veux dormir comme ça.

*
**

Un Mig 19, vestige du régime pro-soviétique, s'apprêtait à atterrir sur la piste de l'aéroport de Conakry. Un seul appareil se trouvait sur le tarmac : un Falcon 30 venu d'Abdijan. John Mac Bain, le chef de la Station de la CIA, s'occupait du départ.

Bill Hodges, rasé de frais, semblait en pleine forme, appuyé au Leyland. Il avait pourtant passé la nuit dans le camion, allongé sur la cargaison de billets de banque, son riot-gun à côté de lui. Bambé avait troqué sa tenue de salope tropicale pour une mini-pousse-au-viol et un T-shirt collant. Malko partit accomplir les formalités, laissant Bill et la Noire en grande conversation. Il avait prévenu la CIA que Bambé voulait l'accompagner. Comme elle n'avait pas de papiers, il fallait arroser. Lorsqu'il revint, tout était arrangé. Immédiatement, il sentit une gêne. La jeune Noire fuyait son regard.

— Tu es prête? demanda-t-il.

C'est Bill Hodges qui répondit à sa place.

— Elle préfère rester avec moi, fit-il. Elle a peur d'aller à Abdijan. Là-bas, ce sont des Bambaras, elle ne les aime pas... Et puis son pays, c'est la Sierra Leone. Je lui donnerai sa part, vous pouvez être tranquille.

Malko regarda Bambé, amusé.

— Fais ce que tu veux, dit-il, tu es libre.

Le visage de la Noire s'éclaira et elle lui sauta au cou.

– Oh, tu es gentil! J'avais peur que tu m'empêches...

Une dernière fois, elle se colla. contre lui, murmurant à son oreille :

– Tu reviendras à Freetown?

– Peut-être, dit Malko.

Il n'y a que les montagnes qui ne se rencontrent pas. Wild Bill Hodges lui broya les phalanges, avec un sourire grinçant.

– Quand je pense que je vais passer le restant de mes jours en paix grâce au pognon de ce fumier de Libanais, fit-il, je bande... On s'est bien amusés. Peut-être un jour, je débarquerai dans votre château...

Malko les regarda monter dans le Leyland. Bambé avait emmené dans sa valise toute neuve sa « tenue de ville ». Il faisait confiance à l'Irlandais pour la lui faire sortir en pleine brousse... Le camion s'éloigna et il fit demi-tour. Les affaires reprenaient...

Lorsque le Falcon décolla, il aperçut un tout petit point sur la piste s'enfonçant dans la brousse. Le camion chargé à ras bord de leones, filant vers la Sierra Leone. Malko se demanda comment vieillissait un homme comme Wild Bill Hodges. Le moment viendrait où il ne pourrait plus se lancer dans ses histoires de folie. Comme pour les éléphants, il devait y avoir des cimetières où les vieux aventuriers allaient se cacher pour mourir. Car ils disparaissaient tous à un moment donné...

*
**

L'aéroport d'Abidjan grouillait d'activité. Plusieurs 747 et DC 10 décollaient ou atterrissaient. Un ciel lourd et nuageux laissait filtrer une chaleur étouffante. Dès que le Falcon stoppa près de l'aérogare, une Ford grise s'approcha et deux hommes en descendirent. Quand Malko émergea de la passerelle, le premier se présenta.

— Stanley Parker.

Celui qui avait lancé l'opération. Il semblait euphorique. Malko prit place dans la voiture qui sortit de l'aéroport sans passer par les formalités d'immigration grâce à une autorisation spéciale.

— Quelles nouvelles? demanda Malko.

— Excellentes. La police ivoirienne a arrêté Nabil Moussaoui ce matin, au moment où il se préparait à acheter son billet, annonça l'Américain.

« Nous avions alerté les autorités ivoiriennes sur tous les porteurs de passeports sierra-leonais. Le sien était authentique mais à un nom qui ne correspondait pas à la photo que nous possédons. Dans ses bagages, on a trouvé un pistolet et plusieurs pains d'explosifs avec des détonateurs. Après une conversation avec les policiers ivoiriens, il a avoué avoir projeté le détournement du DC10 qui part ce soir d'Abidjan, à destination de Paris, avec une correspondance sur New York.

Malko imaginait ce qu'avait pu être la « conversation ».

— Et son complice, Mansour Kadar?

— Il a franchi la frontière avec lui, avec également un passeport sierra-leonais. Nabil Moussaoui jure ignorer sous quel nom il voyageait et qu'ils se sont séparés en arrivant en ville. L'autre, d'après lui, avait une mission différente. Les Ivoiriens le recherchent activement.

C'est-à-dire qu'ils avaient une chance de le retrouver avant la fin du siècle.

— C'est ennuyeux, remarqua Malko.

Stanley Parker balaya ses états d'âme.

— Pas de problème : aucun porteur d'un passeport sierra-leonais ne montera à bord de cet appareil sans avoir été vérifié jusqu'à l'intérieur de ses os. Maintenant, souriez, le chef de Station tient à vous féliciter lui-même.

Malko ne voulut pas gâcher sa joie. Pourtant, une petite voix lui murmurait que c'était trop beau, trop carré. Il devait y avoir un piège quelque part. Mais où?

CHAPITRE XX

Le DC 10 en partance était stationné un peu à l'écart des autres longs courriers, face au salon d'honneur de l'aéroport d'Abidjan. Protégé par une haie de parachutistes ivoiriens en tenue de brousse, armes au poing. Des projecteurs éclairaient le tarmac autour, de façon à ce que personne ne puisse s'approcher de l'appareil sans être vu.

L'embarquement des passagers avait commencé. Malko attendait en compagnie de Stanley Parker et d'un policier ivoirien en civil. L'Américain consulta sa montre.

– Encore vingt minutes. Je crois que nous avons pris toutes les précautions possibles et imaginables.

Derrière eux, un grand panneau rappelait aux passagers de n'accepter sous aucun prétexte un paquet d'un inconnu. Les passagers faisaient la queue devant le portique magnétique checkant leurs bagages à main et les objets métalliques qu'ils pouvaient avoir sur eux. La sensibilité de l'appareil avait été réglée au maxima et la sonnerie se déclenchait sans arrêt, pour quelques pièces de monnaie.

Derrière les policiers ivoiriens, deux civils blancs veillaient à ce qu'il n'y ait aucune faille dans le dispositif.

– Certaines grenades n'ont pas assez de métal pour déclencher l'appareil, remarqua Malko.

– Exact, reconnut Stanley Parker. Aussi nous avons un second contrôle manuel par des gens à nous effectué au bas de la passerelle. Cela retarde l'embarquement, mais ça vaut la peine.

– Et les bagages de soute?

– Ils ont été passés aux rayons X. Et ils sont reconnus par leurs propriétaires avant d'être mis en soute. Je peux vous garantir que personne ne monte à bord avec une arme. Même avec une lime à ongles.

– Qui y a-t-il comme passagers?

– Des gens d'ici, une quarantaine de citoyens américains venus jouer au golf et dix-sept de nos diplomates avec leurs familles qui partent en congé.

La cible idéale pour des terroristes. Malko n'arrivait pas à se débarrasser complètement du malaise qui l'étreignait en dépit des assurances de l'homme de la CIA.

Quelque chose ne collait pas. Depuis le début, il avait été question de *deux* terroristes. Apparemment destinés à la même opération. Or, l'un semblait avoir brutalement décroché.

– Il y a des Libanais à bord? demanda-t-il.

– Bien sûr, confirma Stanley Parker. Il y en a cent cinquante mille en Côte d'Ivoire.

– Je suppose que vous avez vérifié leurs identités?

– Ils ont tous des passeports ivoiriens ou des permis de séjour. Il n'y a pas un Sierra Leonais à bord.

Malko regarda la file qui s'allongeait devant les passerelles, à bout d'argument. Pour une fois en Afrique, la sécurité était sérieuse.

– Il y aura des gardes armés dans l'avion? demanda-t-il.

– Non, le commandant de bord s'y oppose, fit l'Américain. Mais je vous assure que toutes les précautions ont été prises. L'expérience des détournements passés nous a servi.

Malko avait dans sa poche sa carte d'embarquement. Il tenait à être sur ce vol, et, de toute façon, il devait rentrer en Europe. Stanley Parker contemplait les derniers passagers en train d'escalader la passerelle lorsqu'un agent de la compagnie s'approcha de lui et murmura quelque chose à son oreille. L'Américain explosa :

– *God damn it!*

– Qu'est-ce qui se passe? demanda Malko.

– Il manque un passager...

Et pourtant, plus aucun bagage ne se trouvait sur le tarmac. Ou c'était un passager sans bagages – étonnant sur un long courrier – ou, à la suite d'une erreur de manutention, sa valise avait été chargée avec les autres.

– Retrouvez-le, fit le chef de Station de la CIA. On ne partira pas sans lui!

– Et si on ne le retrouve pas?

– On fait descendre tous les passagers, on vide les soutes et on recommence la reconnaissance des bagages de soute.

L'employé était effondré.

– Il y en a pour des heures...

– Ça vaut mieux que d'exploser en vol, fit Parker.

Il alluma une cigarette et l'attente commença dans la chaleur moite et l'odeur de kérosène. Tous les passagers étaient maintenant à bord, mais les portes restaient ouvertes. Les minutes s'écoulaient. Walkie-talkie au poing, les employés au sol passaient l'aérogare au peigne fin...

*
**

— Le voilà!

Deux hôtesses encadraient un grand Noir en boubou, l'air ahuri, avec une minuscule valise en car-
ton tenue par des ficelles. L'une d'elles expliqua :

— Il attendait dans la salle des départs *domestiques*. Il s'était endormi et n'a pas entendu les
appels.

— Vous l'avez fouillé?

— Oui. La valise aussi.

— Alors, en avant!

Tandis qu'on emmenait le Noir vers la passerelle arrière, Stanley Parker poussa un soupir de
soulagement et tendit la main à Malko.

— Allez-y! On va fermer les portes. Et faites
bon voyage.

Malko monta l'escalier de la passerelle et gagna
sa place en première, un siège au milieu. Son
estomac continuait à être noué et, pourtant, tout
semblait parfaitement normal. Avec deux fouilles
dont une à main, par des professionnels, personne
ne pouvait avoir passé une arme. C'était le princi-
pal. Quant aux bagages de soute, ils avaient été
identifiés par les passagers.

Il essaya de se détendre durant la routine du
décollage, mais son angoisse lui collait à la peau.
Le DC 10 était bourré. Il se leva et commença à
inspecter les travées, examinant tous les passagers.
Il parcourut ainsi tout le côté gauche, puis revint
sur ses pas, par la travée droite. Rien que des
visages anonymes, inconnus. Des Noirs, des
Blancs, des Libanais. Beaucoup d'entre eux passaient par Paris pour gagner Beyrouth.

C'est au premier rang de la seconde cabine qu'il
éprouva un sentiment de malaise. Le passager
près du hublot était jeune, de type moyen-oriental

et regardait fixement devant lui, un peu comme
un drogué. Il sortit un mouchoir de sa poche et
s'essuya le visage, visiblement nerveux. Mais
beaucoup de gens l'étaient en avion. Surtout s'ils
ne le prenaient pas souvent. Malko allait s'éloigner quand une image flasha dans sa mémoire. Il
se retourna et regarda à nouveau le jeune homme
nerveux. Avec, quand même, un doute. Il l'aurait
peut-être conservé si ce dernier n'avait pas appelé
une hôtesse qui passait.

— Est-ce que je pourrais avoir un café?
demanda-t-il. Avec du sucre.

En un éclair, Malko revit l'arrière-boutique du
torréfacteur de East Street, à Freetown, là où
avait été probablement assassiné Eddie Connolly,
le journaliste. Le passager du DC 10 était le
Libanais qui s'y trouvait le matin où Malko y
était venu.

Au lieu de regagner sa place, il demeura debout
près des toilettes, comme s'il attendait qu'elles se
libèrent... Faisant le point. Plus il l'examinait, plus
il était certain de sa mémoire. Comment était-il
monté à bord? D'après la CIA, aucun passager
n'avait de passeport sierra-leonais... Il avait donc
trouvé sur place un autre document de voyage. Ce
qui n'avait rien d'étonnant, le meurtre de Charlie
ayant prouvé que les Chiites liés à l'Iran dispo-
saient de complicités à Abidjan.

Pourquoi se trouvait-il à bord? Etait-il en train
de fuir et de regagner le Liban? Sa nervosité
apparente pouvait s'expliquer par les recherches
dont il se savait être l'objet.

En raison des contrôles, il ne pouvait être armé.
D'ailleurs, vêtu d'un jean et d'un polo, il lui était
impossible de dissimuler une arme sur lui et son
bagage à main avait été fouillé...

Malko continua à l'observer dans la glace du
galley. Il semblait de plus en plus nerveux... Il fit

mine de se lever puis se rassit aussitôt. Malko
recula : la porte des toilettes s'ouvrait. Pour ne
pas éveiller les soupçons du Libanais, il dut y
entrer à son tour. Il y demeura moins d'une
minute et rouvrit. Son pouls s'accéléra brutalement : le Libanais avait disparu.

D'un regard rapide, il parcourut la cabine.
Personne. L'autre avait dû s'engouffrer dans les
toilettes voisines...

Les deux portes arboraient le signal « occupé ».
Il attendit, faisant semblant de chercher un maga-
zine.

Une des portes se rouvrit. Une vieille femme en
sortit et retourna s'asseoir. Le Chiite était donc
dans l'autre. Malko allait regagner sa place
lorsqu'une information lui revint en mémoire. Un
certain dimanche, Karemba avait été à l'aéroport
et on ignorait pourquoi... Or, ce jour-là, il se
trouvait un DC 10 de la même compagnie à Freetown. La porte des toilettes se rouvrit et il se
trouva nez à nez avec le Libanais...

Ce dernier avait un sac de toile à la main.

Leurs regards se croisèrent. A la lueur de
panique dans celui du Libanais, Malko comprit
que ce dernier l'avait identifié comme un ennemi.
Tout se passa très vite. Le Libanais plongea la
main dans son sac et en sortit un pistolet.

Malko bondit sur lui, lui écrasant le poignet
contre le montant de la porte des toilettes. Un
steward aperçut la scène. Lâchant son plateau, il
se rua au secours de Malko. Le Libanais luttait
farouchement, les pupilles dilatées, un rictus de
haine déformant son visage. Il appuya sur la
détente de son arme et la détonation fit sursauter
tous les passagers... Touché en pleine poitrine, le

steward tituba et s'effondra dans l'allée. En une fraction de seconde, ce fut la panique. Des passagers se levaient, des femmes hurlaient; un autre steward et deux hôtesses se précipitaient.

Le terroriste cria quelque chose en arabe, luttant toujours avec Malko.

Ce dernier parvint à lui saisir le poignet à deux mains et à le lui tordre. Deux coups de feu partirent encore, et les projectiles s'enfoncèrent dans le plancher... Enfin, les doigts du Libanais lâchèrent l'arme qui glissa sous un siège. Le terroriste recula brutalement, Malko accroché à lui, et les deux hommes se retrouvèrent dans l'espace étroit des toilettes... Le Chiite mordit violemment au poignet Malko qui lâcha prise. Ce qui donna à l'autre le temps de saisir une grenade cachée dans le sac en toile... Une défensive ronde, de fabrication soviétique. Comme son arme, elle avait été dissimulée dans le gilet de sauvetage placé sous le siège de chaque passager et qui gisait maintenant par terre dans les toilettes.

Malko, de justesse, l'empêcha de retirer la goupille. Les mains jointes, les deux hommes luttaient comme des furieux, se cognant aux murs, sous les regards impuissants de l'équipage cabine, accouru.

D'un violent coup de tête, le terroriste étourdit Malko, lui ouvrant l'arcade sourcilière. Groggy, celui-ci le vit passer le doigt dans l'anneau de la goupille pour l'arracher. Ensuite, il suffisait de relâcher la cuillère pour provoquer l'explosion de l'engin... Il entendit vaguement le haut-parleur annoncer que l'appareil retournait sur Abidjan, conseillant aux passagers de ne pas s'affoler. Comme si ce n'était pas déjà fait.

D'un effort désespéré, Malko expédia un formidable coup de pied au Chiite et l'atteignit au bas-ventre. Une fraction de seconde avant que la goupille ne soit complètement arrachée. Sous le coup de la douleur, les doigts du terroriste s'ouvrirent, laissant échapper la grenade droit dans la cuvette des WC.

Un athlétique steward se rua dans l'espace exigu et saisit le Chiite par les cheveux, le tirant dehors. A moitié KO, il n'opposa que peu de résistance. Aussitôt, deux membres de l'équipage le maîtrisèrent, l'allongeant à terre. Il écumait, hurlait des injures en arabe et en anglais sous les yeux des passagers terrifiés. A quelques mètres du steward en train d'agoniser... Le commandant de bord surgit, les traits tendus.

– Il est maîtrisé?

– Oui, dit Malko, mais il a jeté une grenade dans les toilettes et la goupille tient par un fil.

– *My god!*

Stanley Parker tenait d'une main tremblante le télex transmis par la tour de contrôle.

– Tentative de détournement à bord du vol 675. Un mort. Explosif non neutralisé. L'appareil a fait demi-tour sur Abidjan. Les services de sécurité sont en alerte.

– Mais qu'est-ce qui s'est passé? demanda le chef de Station d'Abidjan, atterré. Nous avons soixante-huit citoyens à bord, dont dix-sept diplomates. C'est une horreur...

Stanley Parker posa le télex.

– Filons à l'aéroport. Et prions.

Le terroriste, toujours allongé par terre, s'était calmé, plongé dans une profonde torpeur. Les

passagers, déchaussés, ceintures attachées, bien
calés sur leurs sièges, s'attendaient au pire. Près
des toilettes, un steward veillait, fixant la lunette
comme si cela avait pu empêcher la grenade
d'exploser... Le corps de son collègue avait été
transporté dans le galley avant, pour être hors de
vue des passagers. Un silence de mort régnait
dans l'appareil...

Malko, debout derrière le commandant de
bord, demanda :

— Nous sommes à quelle distance d'Abidjan?

— Vingt minutes environ.

— Il n'y a aucun terrain de dégagement?

— Aucun.

Il avait un sacré poids sur l'estomac. La goupille avait été à moitié arrachée par le terroriste.
Il suffisait d'une vibration pour qu'elle s'enlève
complètement, déclenchant l'explosion de l'engin.
Et très probablement la destruction du DC 10 :
les commandes passaient sous les toilettes...

A neuf cents à l'heure, le gros appareil fonçait
vers le sud. Il n'y avait rien d'autre à faire qu'à
prier... Le second se retourna vers Malko.

— Comment ces armes ont-elles été introduites
à bord? Tout le monde a été fouillé...

— Elles y étaient déjà, dit Malko. Je pense
qu'elles ont été dissimulées à Longi Airport, en
Sierra Leone, la semaine dernière, lorsque cet
appareil y a fait escale. Un des policiers du CID
sierra-leonais travaillait avec les terroristes. Pour
lui, c'était très facile...

— Il a fallu qu'ils aient des complicités dans la
compagnie, remarqua le commandant de bord,
pour connaître la programmation de l'appareil.

— Ils en ont, dit Malko.

Il regarda le ciel étoilé au-dessus d'eux. Ils
se trouvaient à la verticale de Bouaké. En
bas, c'était la forêt, sans une lumière. S'ils avaient

à y atterrir en détresse, cela ferait 320 morts...
Dont lui.

Les Iraniens avaient bien monté leur coup.
Avec une « chèvre » – Nabil Moussaoui – et le
véritable acteur : l'homme qui gisait allongé sur le
plancher du DC 10. Les minutes s'écoulaient avec
lenteur. Enfin des lumières apparurent dans le
lointain, droit devant. Abidjan. Le commandant
de bord annonça aussitôt dans le micro :

– Mesdames et messieurs, nous allons nous
poser à Abidjan dans quelques instants. Demeu-
rez calmes. Tout danger est désormais écarté...

Une salve d'applaudissements et de cris de joie
salua son annonce.

***

– Le vol 675 va se poser en priorité-détresse,
annonça la tour. Sur la 034. Services de sécurité, à
vos postes.

L'aéroport d'Abidjan grouillait de soldats et de
policiers. Des véhicules avec des mitrailleuses gar-
daient tous les accès de la piste. Des projecteurs
fouillaient la nuit. Des ambulances, des voitures
de pompiers, des jeeps de police attendaient à
l'entrée de la piste 034.

Les phares blancs du DC 10 trouèrent la nuit. Il
semblait presque immobile. Stanley Parker avait
du mal à respirer. Tant qu'il n'aurait pas touché le
sol, tout pouvait encore arriver. L'ambassadeur
des Etats-Unis, arraché à un dîner officiel, était là
en smoking blanc, entouré de ses gardes du corps,
debout près de sa Cadillac.

Volets baissés, le DC 10 toucha la piste avec
douceur. Aussitôt, plusieurs voitures de pompiers
se lancèrent à toute vitesse le long du bitume,
lances en batterie, suivies par des véhicules de
police... Deux mille mètres plus loin, le DC 10

s'arrêta enfin, les pneus fumants. Quatre portes s'ouvrirent en même temps et les toboggans de secours se déroulèrent aussitôt. Les premiers passagers touchèrent le sol au moment où les pompiers atteignaient le gros porteur. Suivis de la Cadillac de l'ambassadeur et de la Ford de la CIA.

— Malko, Malko!

Stanley Parker agitait les bras désespérément. Il récupéra Malko au bas du premier toboggan avant, le secouant comme un prunier.

— Qu'est-ce qui s'est passé?

Malko le lui expliqua au milieu des gens qui s'enfuyaient dans tous les sens, pieds nus, affolés. Courant vers l'aérogare. Des policiers se ruèrent sur une passerelle et s'emparèrent du terroriste. Stanley Parker était partagé entre la fureur et la stupéfaction.

— Mais comment a-t-on pu cacher une arme et des explosifs à bord de cet avion? Il est fouillé de fond en comble à chaque escale. Y compris tous les placards des toilettes.

— C'était dissimulé dans un gilet de sauvetage, expliqua Malko. Il y en a 320 à bord. Impossible de les défaire tous à chaque examen de l'appareil. Cela suppose une coordination parfaite entre les bases terroristes de Sierra Leone et d'Abidjan. Une place avait été retenue au nom de ce terroriste, en précisant le rang et le numéro.

— Mais, même à Longi Airport, cet appareil est sous la protection des services de sécurité.

— N'oubliez pas que Karemba en faisait partie, lui rappela Malko. Pour lui, c'était facile de monter à bord et de dissimuler l'explosif et l'arme dans le gilet de sauvetage désigné.

— Il faudra s'en souvenir, fit l'Américain. Si vous n'aviez pas été à bord, le détournement réussissait probablement.

Malko comprenait maintenant parfaitement le

choix de la Sierra Leone qui l'avait intrigué depuis
le début. Il donnait aux Iraniens la possibilité de
placer l'explosif et les armes à bord du DC 10; les
terroristes pouvaient s'y procurer de faux papiers,
faisant attribuer l'attentat à la communauté chiite
locale, détournant les soupçons de l'Iran et
ensuite s'infiltrer dans le pays où ils allaient agir,
la Côte d'Ivoire. Avec beaucoup plus de facilité
que s'ils arrivaient directement de Beyrouth...

Ils s'approchèrent du terroriste auquel on avait
passé les menottes... Il cracha dans la direction de
Malko, se débattant encore. Impossible de lui
tirer un mot... Les derniers passagers s'enfuyaient.
Ne restait à bord que l'équipage... Malko tam-
ponnait son arcade sourcilière ruisselante de sang.

Le Chiite fixait le DC 10, comme si son regard
avait pu le détruire. Résistant aux hommes qui
voulaient l'entraîner. Intrigué, Malko l'observa,
déchaînant sa rage de nouveau. Il allait ouvrir la
bouche pour le questionner quand une terrible
explosion les fit tous sursauter.

Une gerbe de feu s'éleva de l'arrière du DC 10 à
la hauteur de la soute, enveloppant aussitôt l'appareil. En quelques instants, ce fut un brasier,
gagnant les ailes et l'avant.

— *Holy Cow!* s'exclama Stanley Parker, aba-
sourdi.

Avec des hurlements sinistres, les voitures de
pompiers revenaient à toute vitesse. Des jets de
neige carbonique attaquèrent le brasier, sans parvenir à l'éteindre.

Les membres de l'équipage apparurent en haut
de la passerelle et se jetèrent vers le sol. Tout le
monde reculait devant la chaleur terrifiante.

Stanley Parker se tourna vers Malko.

— C'est la grenade?
— Non, elle était beaucoup plus vers l'avant...
— Quoi, alors?

– Ce terroriste, celui que nous appelons Mansour Kadar. Il y avait sûrement des explosifs dans sa valise...

– Mais c'était du suicide... s'exclama l'Américain.

– Il y a deux hypothèses, fit Malko. Ou bien il était au courant et la présence de ces explosifs, une fois l'appareil posé dans le lieu de son choix aurait donné encore plus de poids à ses exigences. Ou bien, on les a mis à son insu. Pour être certain de réussir une action terroriste d'envergure. Je pense que son interrogatoire nous éclairera.

Diabolique.

C'était le seul cas de figure qu'on ne pouvait contrer totalement : une action suicide. Il était matériellement impossible de fouiller tous les bagages de soute. Certains explosifs étaient indétectables. Dieu merci, c'était un cas rarissime.

Ils reculèrent encore, incommodés par la chaleur. Il y eut soudain une bousculade et ils virent le terroriste chiite échapper à ses gardiens et s'enfuir en courant vers l'appareil en flammes. Il passa tout près de Malko et ce dernier put voir ses yeux fous, son expression hallucinée. Des coups de feu claquèrent, il trébucha et tomba, n'arrivant pas au brasier. Dans le concert des sirènes de police et des hurlements de pompiers, on remarqua à peine son geste...

L'ambassadeur des Etats-Unis passa une main sur son visage, la mâchoire tremblante.

– Que Dieu nous préserve de ces fous! murmura-t-il.

Les flammes atteignirent le corps du terroriste qui s'enflamma aussitôt, petit brasier à côté du grand. Sans un mot, Malko et Stanley Parker gagnèrent la voiture de la CIA. Sachant que le combat ne serait jamais fini.

L'EXECUTEUR

Lorsque la Mafia avait provoqué la mort de la mère, du père et de la sœur de Mack Bolan, elle ignorait une chose : au Viêt-Nam, ses copains avaient surnommé Mack Bolan, le tireur d'élite.

Chez votre libraire le n° 69

PLUIE DE SANG SUR HOLLYWOOD

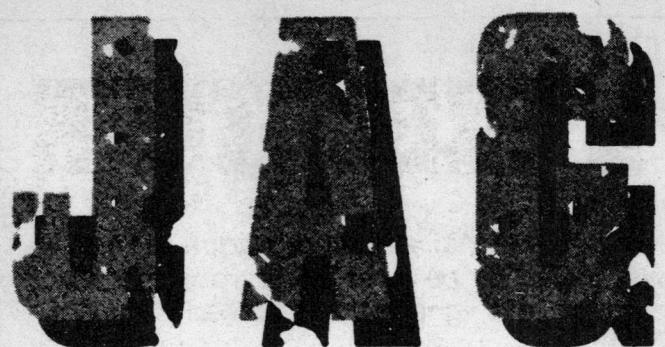

Surgissant de l'obscurité, le rouleau de barbe-
lés végétal progressait en projetant devant lui
un nuage gris-noir, poussière arrachée au sol,
poudre de béton provenant du labourage des
murs, du plafond, littéralement ravinés.
Avançant comme une immense brosse
métallique, le fléau déchiquetait tout sur son
passage.
Les yeux exorbités, Jag vit les épaves auto-
mobiles se déchirer, s'ouvrir sous le soc des
monstrueuses épines, se découper en minces
bandelettes de tôle avant de disparaître, hap-
pées, digérées par l'incroyable assaillant.
Avisant son compagnon étendu sur le sol, il
s'élança vers l'enfer.

LISEZ

Le doigt du seigneur

DÉJÀ CHEZ VOTRE LIBRAIRE

IMPRIMÉ EN FRANCE PAR BRODARD ET TAUPIN
Usine de La Flèche (Sarthe), le 5-06-1990.
6487C-5 - Dépôt Éditeur 8412 - 6/1990.
Dépôt légal : juin 1990

42/5235/9